富家益 Fortuneasy
富家益股市新手系列

The Beginner's Guide to Investing in Stocks

新手从零开始学炒股

快速入门与实战技巧

沈小立 著

化学工业出版社

北京

很多新手开了户,打开炒股软件,却不知道该从哪里开始,也不知道应该重点关注什么,更不知道怎样实现低买高卖。针对新手的这些困惑,本书分为快速入门和实战技巧两篇,对怎样炒股进行了介绍。上篇包括分时图、K线图、趋势形态、均线、量价关系、技术指标等技术的快速入门;下篇则介绍了短线看盘、跟庄、股票买卖和日内操盘时经常用到的多个技巧。

本书适合刚进入股市的新股民阅读,也适合有一定炒股经验但一直没有稳定赢利方法的老股民参考。

图书在版编目(CIP)数据

新手从零开始学炒股:快速入门与实战技巧/沈小立著. —北京:化学工业出版社,2015.5(2016.2重印)
(富家益股市新手系列)
ISBN 978-7-122-23671-5

Ⅰ.①新… Ⅱ.①沈… Ⅲ.①股票投资-基本知识 Ⅳ.① F830.91

中国版本图书馆 CIP 数据核字(2015)第 079208 号

责任编辑:张焕强　　　　　　　　　　封面设计:张　辉
责任校对:程晓彤

出版发行:化学工业出版社(北京市东城区青年湖南街13号 邮政编码100011)
印　　装:三河市双峰印刷装订有限公司
710mm×1000mm　1/16　印张13½　字数240千字　2016年2月北京第1版第3次印刷

购书咨询:010-64518888(传真:010-64519715)　售后服务:010-64518899
网　　址:http://www.cip.com.cn
凡购买本书,如有缺损质量问题,本社销售中心负责调换。

定　价:32.00元　　　　　　　　　　　　　　版权所有　违者必究

前　言

武装你的头脑，才能武装你的钱包

在现实生活中，大家都知道在从事某项工作之前，首先需要好好学习相关知识。比如开车，大家也要先在驾校好好学习。即使拿到了驾照，刚开始开车上路时也是小心翼翼，非常谨慎。可在股市中，大家却忘记了这个戒律。很多新手在一无所知的情况下，勇敢而莽撞地冲进股市，迫不及待地要"抢"些钱回来。就好比一个不会打枪的士兵，直接闯入了激烈的战场，那他的生存概率能有多大呢？

初入股市的投资者，首先需要武装的，不是自己的资金账户，而是自己的头脑。

本书的目的就是帮助新进入股市的投资者，建立正确的投资心态，轻松掌握炒股知识，尽快精通炒股技能，从而实现稳定的炒股盈利。

很多投资者打开炒股软件后，都不知道该从哪里开始，也不知道应该重点关注什么内容，更不知道怎样才能实现低买高卖，以致很多新手盲目地买卖股票，最终被套牢或者割肉。

针对新手的这些特点，本书在上篇中对炒股过程中需要了解的基础知识进行了介绍，包括分时图、K线图、趋势形态、均线、量价关系、技术指标等六个方面。本书的下篇介绍了投资者在短线看盘、跟庄、股票买卖和日内操盘时经常用到的多个技巧。

在写作本书的过程中，为了更好地为投资者讲解各种炒股的实用技巧，特别注意了以下几个方面。

第一，实战图例丰富。本书对几乎每个知识点都以实战图例进行说明。投资者通过阅读可以形象地看到各种K线形态、分时盘口、成交量变化、技术指标走向等信息。这样在买卖股票过程中再看到同类形态时，投资者可以马上做出反应。

第二，给出具体买卖点。对于看盘中遇到的各种形态，本书在写作时都尽量精确到具体的买卖点，必要时本书还介绍了这些形态的止盈和止损时机。投资者阅读本书后，一旦遇到类似形态，就可以马上判断出应该在什么位置买卖股票。

第三，贴近实际操作。本书除了给出具体的买卖时机外，还为投资者讲解了具体买卖股票的问题，例如，应该一次性交易还是分笔交易？每次交易的仓位比例？怎样止损止盈？投资者通过对这些方法的学习，可以更加有效地买卖股票。

希望通过阅读本书，能够帮助投资者快速入门，从新手变成高手，在股海中赢利。

在本书编写过程中，刘伟、李金山、程富建、袁艳烈、刘瑞江负责股票K线图的查找和选取，罗章秀、贾月、杨茜负责K线图的截取和制作，孙立宏、刘井学、董连香、董晓辉、李海江、张心、王兰会负责文字、图表的制作和编排，史册、齐晓明分别审阅和修改了本书的部分内容，最后由沈小立统撰编写。在此对大家的辛勤工作表示感谢！

富家益投资理财研究中心

目　录

上　篇　快速入门

第1章　分时图快速入门：短线强弱一目了然 … 3
1.1　分时线和分时均线：白线黄线，关系不一般 … 3
- 1.1.1　分时金叉 … 4
- 1.1.2　分时死叉 … 4
- 1.1.3　分时搓揉 … 5

1.2　分时成交量变化：长短柱线，隐含大量信息 … 7
- 1.2.1　分时线涨且分时成交量放大 … 7
- 1.2.2　分时线涨但分时成交量萎缩 … 8

1.3　分时技术指标：特殊曲线满足不同需要 … 9
- 1.3.1　PSY分时技术指标 … 10
- 1.3.2　RSI分时技术指标 … 11
- 1.3.3　量比指标 … 12

1.4　分时盘口的特殊变化：探寻主力的蛛丝马迹 … 14
- 1.4.1　尾市盘口急拉 … 14
- 1.4.2　跌势钝化盘口 … 15

第2章　K线图快速入门：多空动能尽在其中 … 16
2.1　单根K线形态：四个价格蕴含多空信息 … 16
- 2.1.1　锤头线 … 16
- 2.1.2　十字线 … 18
- 2.1.3　大阳线 … 19
- 2.1.4　大阴线 … 20
- 2.1.5　小阳线或小阴线 … 21
- 2.1.6　射击之星 … 22

2.1.7　倒锤头线 ……………………………………………………… 23
　　2.1.8　T字线、倒T字线和一字线 …………………………………… 25
2.2　K线组合形态：辨别图谱寻找涨跌信号 ………………………………… 26
　　2.2.1　早晨之星 ……………………………………………………… 26
　　2.2.2　黄昏之星 ……………………………………………………… 27
　　2.2.3　曙光初现 ……………………………………………………… 28
　　2.2.4　乌云盖顶 ……………………………………………………… 29
　　2.2.5　看涨孕线 ……………………………………………………… 30
　　2.2.6　看跌孕线 ……………………………………………………… 31
　　2.2.7　看涨吞没 ……………………………………………………… 32
　　2.2.8　看跌吞没 ……………………………………………………… 33
　　2.2.9　红三兵 ………………………………………………………… 34
　　2.2.10　三只乌鸦 ……………………………………………………… 35
　　2.2.11　上升三法 ……………………………………………………… 36
　　2.2.12　下降三法 ……………………………………………………… 37
2.3　不同周期的K线配合：多图结合效果更佳 ……………………………… 38
　　2.3.1　日K线与60分钟K线的配合 …………………………………… 38
　　2.3.2　日K线与周K线的配合 ………………………………………… 40

第3章　趋势形态快速入门：行情走向轻松判断 …………………… 42

3.1　反转形态：强弱要变天 ……………………………………………………… 42
　　3.1.1　M形顶与W形底 ………………………………………………… 42
　　3.1.2　头肩顶与头肩底 ………………………………………………… 44
　　3.1.3　岛形反转 ………………………………………………………… 47
　　3.1.4　V形底与倒V形顶 ……………………………………………… 49
　　3.1.5　塔形底与塔形顶 ………………………………………………… 50
　　3.1.6　圆底与圆顶 ……………………………………………………… 53
　　3.1.7　菱形形态 ………………………………………………………… 54
3.2　持续形态：强更强，弱更弱 ………………………………………………… 56
　　3.2.1　上升三角形 ……………………………………………………… 56
　　3.2.2　下降三角形 ……………………………………………………… 57
　　3.2.3　下降楔形 ………………………………………………………… 58
　　3.2.4　上升楔形 ………………………………………………………… 59
　　3.2.5　上升旗形 ………………………………………………………… 60
　　3.2.6　下降旗形 ………………………………………………………… 61
3.3　整理形态：多空对峙，方向待定 …………………………………………… 62

  3.3.1 矩形 62
  3.3.2 扩散三角形 64
  3.3.3 收敛三角形 65

第4章 均线快速入门：涨跌趋势提前知晓 67

4.1 股价和移动平均线：单条均线判断趋势 67
  4.1.1 均线对股价的支撑和阻碍 68
  4.1.2 股价突破平均线 69
  4.1.3 股价跌破平均线 71
  4.1.4 股价依托平均线 73
  4.1.5 股价与均线的乖离率 74
4.2 移动平均线组合形态：反复纠缠的多条均线 76
  4.2.1 均线金叉 76
  4.2.2 均线死叉 78
  4.2.3 均线向上发散 79
  4.2.4 均线向下发散 81
  4.2.5 均线黏合盘整 82

第5章 量价关系快速入门：市场能量准确分析 84

5.1 不同量价关系：从成交量看趋势强弱 84
  5.1.1 价升量增 84
  5.1.2 价升量减 86
  5.1.3 价跌量增 88
  5.1.4 价跌量减 89
  5.1.5 价平量增 91
  5.1.6 价平量减 91
5.2 均量线指标：判断放量和缩量的辅助指标 92
  5.2.1 均量线的金叉和死叉 93
  5.2.2 均量线的支撑和阻力 94
  5.2.3 均量线的多头排列 95
  5.2.4 均量线的空头排列 96
  5.2.5 均量线的背离 97
5.3 天量和地量：畸形形态里的重大行情 98
  5.3.1 低价位天量 99
  5.3.2 高价位天量 99
  5.3.3 上升时的地量 100

5.3.4 下跌时的地量 ·· 101

第6章 技术指标快速入门：走势奥妙轻松发现 ························ 102

6.1 MACD 指标：股价涨跌的速度表 ··································· 102
6.1.1 MACD 曲线背离 ··· 103
6.1.2 MACD 柱线背离 ··· 104
6.1.3 MACD 的金叉与死叉 ··· 106
6.1.4 MACD 的喇叭口 ··· 110

6.2 KDJ 指标：当前股价的相对位置 ······································ 112
6.2.1 K 值超买与超卖 ··· 112
6.2.2 KDJ 金叉与死叉 ··· 114

6.3 BOLL 指标：三条线构筑一个带 ······································ 116
6.3.1 BOLL 上轨阻力与 BOLL 下轨支撑 ··························· 116
6.3.2 BOLL 中轨的阻力与支撑 ·· 117
6.3.3 BOLL 线喇叭口 ··· 119

6.4 OBV 指标：成交量累加的指标 ······································ 119
6.4.1 OBV 指标背离 ··· 120
6.4.2 OBV 与股价同步 ··· 121

6.5 筹码分布指标：横向的成交量柱线 ·································· 122
6.5.1 筹码的低位锁定 ··· 122
6.5.2 上峰消失，上涨继续 ··· 124
6.5.3 放量突破高位密集单峰 ·· 125

下 篇 实战技巧

第7章 短线看盘技巧 ·· 129

7.1 如何选择股票 ·· 129
7.1.1 看涨幅榜选择强势股票 ·· 129
7.1.2 看综合排名选择强势股票 ······································· 130
7.1.3 看板块涨幅排名选择强势股票 ································ 131
7.1.4 看阶段涨幅选择强势股票 ······································· 133
7.1.5 看叠加大盘走势选择强势股票 ································ 134

7.2 怎样判断股价的突破 ··· 135
7.2.1 放量突破 ·· 136
7.2.2 涨停突破 ·· 137

- 7.2.3 突破后回抽 ·········· 137
- 7.2.4 技术指标同步突破 ·········· 138
- 7.2.5 突破得到大盘配合 ·········· 139
- 7.3 如何确定短线的顶部 ·········· 140
  - 7.3.1 上涨过程中成交量萎缩 ·········· 140
  - 7.3.2 跌破支撑位后反弹 ·········· 141
  - 7.3.3 用黄金分割线辅助判断 ·········· 142
  - 7.3.4 假突破后下跌 ·········· 145
  - 7.3.5 多个技术指标同时看跌 ·········· 146
- 7.4 怎样进行短线波段操作 ·········· 147
  - 7.4.1 看阻力线和支撑线做波段操作 ·········· 147
  - 7.4.2 看均线指标做波段操作 ·········· 149
  - 7.4.3 看 BOLL 指标做波段操作 ·········· 150
- 7.5 如何在弱势中抢短线反弹 ·········· 151
  - 7.5.1 看 K 线形态抢反弹 ·········· 151
  - 7.5.2 看技术指标抢反弹 ·········· 152
  - 7.5.3 看强势板块走势抢反弹 ·········· 154
  - 7.5.4 看成交量变化抢反弹 ·········· 155

第 8 章 跟庄技巧 ·········· 157

- 8.1 如何发现庄家操盘的迹象 ·········· 157
  - 8.1.1 分时走势的坐庄迹象 ·········· 157
  - 8.1.2 成交量的坐庄痕迹 ·········· 158
  - 8.1.3 盘口异动的坐庄痕迹 ·········· 159
  - 8.1.4 分时走势的坐庄痕迹 ·········· 161
  - 8.1.5 技术指标的坐庄痕迹 ·········· 162
- 8.2 不同坐庄阶段怎样操盘 ·········· 164
  - 8.2.1 建仓结束后买入 ·········· 164
  - 8.2.2 试盘时冷静持股 ·········· 164
  - 8.2.3 拉升时全程跟庄 ·········· 166
  - 8.2.4 洗盘时持股不动 ·········· 167
  - 8.2.5 出货时果断卖出 ·········· 168
- 8.3 不同股票如何跟庄 ·········· 169
  - 8.3.1 中长庄和短庄的不同跟庄技巧 ·········· 169
  - 8.3.2 不同坐庄阶段的不同跟庄技巧 ·········· 171
  - 8.3.3 绩优股和垃圾股的不同跟庄技巧 ·········· 175

第9章 股票买卖技巧 …… 177

9.1 怎样买入股票 …… 177
9.1.1 一次性买入 …… 177
9.1.2 分笔买入 …… 178
9.1.3 分笔买入的仓位控制 …… 180

9.2 怎样卖出股票 …… 181
9.2.1 一次性卖出 …… 181
9.2.2 分笔卖出 …… 182
9.2.3 分笔卖出的仓位控制 …… 184

9.3 如何确定止损止盈的时机 …… 185
9.3.1 固定止损止盈 …… 185
9.3.2 向上浮动止损 …… 187
9.3.3 均线指标辅助止损 …… 189

第10章 日内操盘技巧 …… 191

10.1 开盘前盘口观察要点 …… 191
10.1.1 看国际市场走向 …… 191
10.1.2 看重要财经新闻 …… 193
10.1.3 看论坛上的多空人气 …… 194
10.1.4 看股指期货走向 …… 194

10.2 早盘盘口观察要点 …… 195
10.2.1 看大盘涨跌 …… 195
10.2.2 看个股涨幅榜 …… 197
10.2.3 看板块涨跌排名 …… 197

10.3 盘中盘口观察要点 …… 198
10.3.1 看领涨板块转换 …… 198
10.3.2 看指标股表现 …… 200

10.4 尾盘盘口观察要点 …… 201
10.4.1 看尾盘快速上涨的股票 …… 201
10.4.2 看尾盘快速下跌的股票 …… 204

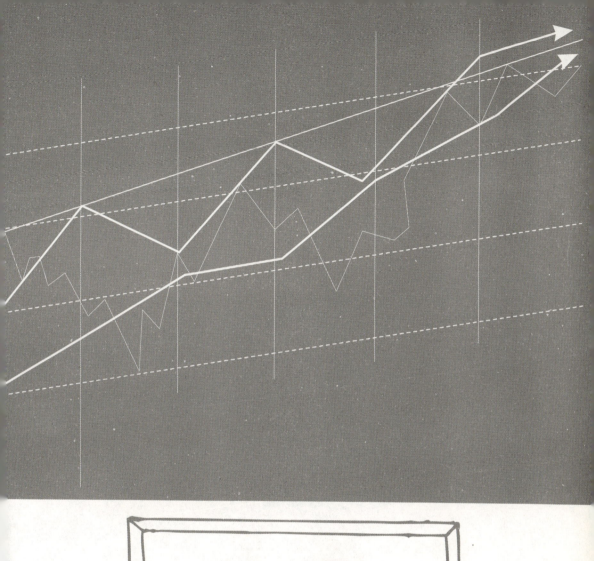

上篇
快速入门

第1章
分时图快速入门：短线强弱一目了然

1.1 分时线和分时均线：白线黄线，关系不一般

分时线是指分时走势里的白色（有时为蓝色）曲线，表示股票即时成交的价格。分时线的波动情况反映了盘中交易的具体情况，从形态上我们可以掌握股价的涨跌力度，然后据此研判股价未来的走势。

分时均线是指分时走势里的黄色（有时为粉色）曲线，表示股票即时成交的平均价格。分时均线具有支撑和阻碍作用。当分时均线持续下跌时，股价每次向上触碰到分时均线都有可能会受到阻碍，然后重新下跌；当分时均线处于持续上升时，股价每次回落受到分时均价线都有可能会获得支撑，而后又重新上涨。

如图 1-1 所示为上证指数 2015 年 1 月 15 日的分时线和分时均线走势。

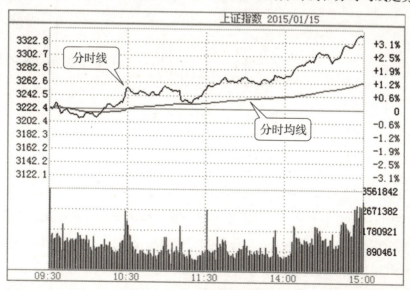

图 1-1　上证指数分时走势

1.1.1 分时金叉

分时金叉是指分时线上穿分时均线时所形成的交叉形态。分时金叉的出现说明股价短线有一波上涨走势。在分时走势图中，分时金叉较常出现。如果在分时均线中形成的强阻力位得到过验证，那么分时线在此位上穿分时均线所形成的金叉看涨信号会更加强烈。

参考实例：2014年11月21日11:00左右，中国平安（601318）的分时走势上形成了分时金叉的形态。在此之前分时线曾两次上探分时均线未果，此后分时线突破分时均线形成分时金叉，随后股价又回抽得到分时均线的确认，股价展开一波上涨走势。如图1-2所示。

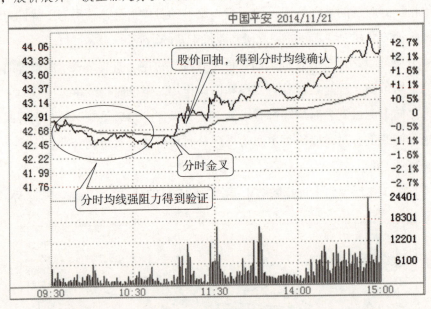

图1-2 中国平安分时走势

1.1.2 分时死叉

分时死叉是指分时线向下跌破分时均线所形成的交叉形态。分时死叉的出现说明股价短线有一波下跌走势。在分时走势图中，分时死叉较常出现。如果在分时均线中形成的强支撑位得到过较强验证，那么分时线在此位跌破分时均线所形成的死叉看跌信号会更强烈。

参考实例：2015年1月9日中午收盘前，安顿信息（300380）的分时走势上出现了分时死叉。在此之前，分时均线一直支撑着分时线，显示了其强支撑力，而当分时线向下击破分时均线时，说明分时均线支撑失败，股价进入下跌走势。如图 1-3 所示。

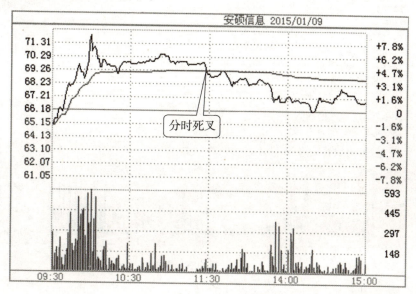

图 1-3　安顿信息分时走势

1.1.3　分时搓揉

分时搓揉是指分时线和分时均线形成上下缠绕的连续交叉形态。分时搓揉的出现表示股价短线将要有一波行情，但是只有等到突破确认后才能辨明是上涨还是下跌。

参考实例 1：2014 年 11 月 27 日开盘后，上海钢联（300226）的分时走势上出现分时搓揉线，随后股价跌破分时均线并逐渐偏离分时均线。这表明上海钢联股价经过分时搓揉之后，做空动能更加强烈，投资者纷纷卖出股票，导致股价下跌。投资者可以在股价跌破分时搓揉区间时卖出股票。但在偏离分时均线较大时，买入股票应谨慎或者不要买入股票。如图 1-4 所示。

参考实例 2：2014 年 12 月 24 日早盘的大部分时间，艾比森（300389）的分时走势上出现分时搓揉线，随后股价突破分时均线并逐渐偏离分时均线。这表明艾比森股价经过分时搓揉之后，做多动能更加强烈。投资者纷纷买入股票，推动股价上涨。投资者应在股价突破分时搓揉区间时买入股票，也可以在偏离分时均线较远时，进行短线卖出股票的操作。如图1-5所示。

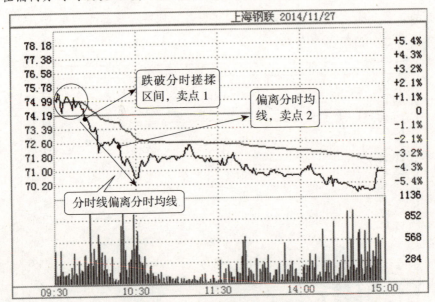

图1-4 上海钢联分时走势

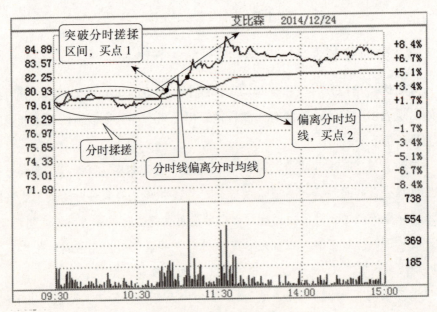

图1-5 艾比森分时走势

1.2 分时成交量变化：长短柱线，隐含大量信息

分时成交量是指个股或指数分时走势中每分钟成交量的总和。其通常在分时走势图中用一根根柱线表示，柱线越长表示这一分钟成交量越大；柱线越短，表示这一分钟的成交量越小，如图 1-6 所示。

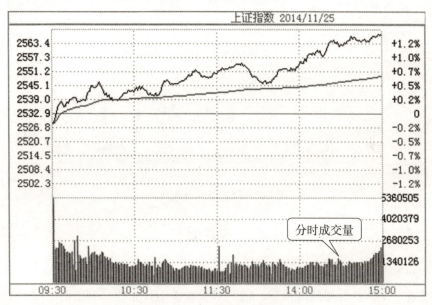

图 1-6　上证指数分时走势

1.2.1 分时线涨且分时成交量放大

如果在分时线上涨的过程中，分时成交量呈现逐步放大的迹象，则说明主力想拉抬分时线，不断主动买入，造成分时成交量的放大，这预示着股票后市看涨。量增价升表示多方力量强势，多方上涨行情不会轻易停下来，这是主力积极投入资金操盘的结果，是最常见的价量操盘方式。短线投资者可以据此判断主力入场时机，以便跟风操作。

参考实例：2015 年 1 月 13 日下午开盘后，飞凯材料（300398）的分时走势上出现了分时成交量增加分时线涨的走势。这表明股价经过前期一波震荡整理之后，主力开始拉升分时线，不断买入并抬高分时线，使其呈现出分时成交量增加且分时线涨的良好的持续形态。此时，投资者可以跟风买入股票，也可以在股价回调后买入股票。如图 1-7 所示。

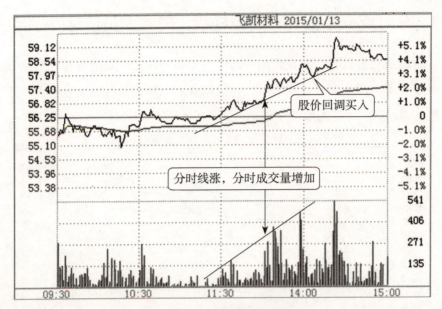

图 1-7 飞凯材料分时走势

1.2.2 分时线涨但分时成交量萎缩

如果在分时线上涨的过程中,分时成交量呈现逐步减少的迹象,则有两种可能。一是主力想拉高出货,但是接盘力量不足,故呈现出分时线涨但分时成交量减少的局面;二是主力绝对控盘,志存高远,无心出货,故呈现分时线涨但分时成交量减少的局面。无论何种可能,投资者都可谨慎持股,只要主力筹码还没有出现松动,就是比较安全的时段。场外短线投资者应尽量使用小资金来买入操作。

参考实例:2014 年 9 月 24 日 10:00 之后,太极股份(002368)的分时走势上出现了分时成交量减少分时线涨的走势。如图 1-8 所示。这表明主力还在拉升分时线,分时线还要上涨,持股的投资者还可以谨慎持有。因无法辨明主力是在拉升出货,还是在拉升上涨,所以无论主力出于何种原因,短线投资者都应采用快进快出的操盘手法。

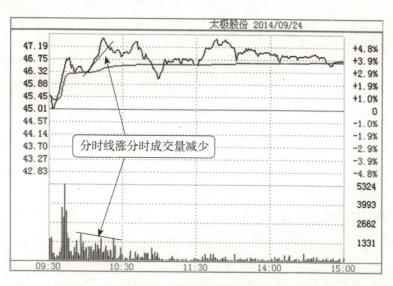

图1-8 太极股份分时走势

1.3 分时技术指标：特殊曲线满足不同需要

分时技术指标是指在分时走势图中可以调用的技术指标，如PSY、RSI、MACD、KDJ及量比指标等。它们一般在成交量的下方显示，投资者可以单击鼠标右键选择常用指标里面的短线指标，图1-9所示为分时MACD技术指标。

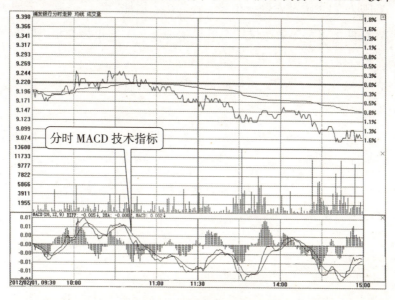

图1-9 浦发银行分时走势

9

1.3.1 PSY 分时技术指标

PSY 即心理线指标,是体现投资者对股市涨跌产生心理波动的情绪指标。它对股市短期走势的研判具有一定的参考意义。该指标利用一段时间内市势上涨的时间与该段时间的比值曲线来研判市场多或空的倾向性。

PSY 分时技术指标的特性有以下两点。第一,人们的心理预期与市势的高低成正比,即市势升,心理预期也升;市势跌,心理预期也跌。第二,当人们的心理预期接近或达到极端的时候,逆反心理开始起作用,并可能最终导致心理预期方向的逆转。

PSY 的计算公式:PSY = A/N × 100(N 为时间周期参数,在这里是分钟;A 为在这段时间里价格上涨的周期)

PSY 值在 50 时,为多空分界点。由计算式可知,$0 \leq PSY \leq 100$,而 PSY = 50,则表示 N 日内有一半时间市势是上涨的,另一半是下跌的,是多空的分界点。该指标将心理区域划为上下两个分区,投资者通过观察心理线在上或下区域的动态,可对多空形势有个基本的判断。

PSY 值 25 ~ 75 区间是心理预期的正常理性变动范围。

PSY 值 75 以上属超买区,市势回档的机会增加。

PSY 值 25 以下属超卖区,市势反弹的机会增加。

PSY 的 M 形走势是超买区常见的见顶形态,W 形走势是超卖区常见的见底形态。

PSY 值 90 以上或 10 以下,逆反心理要起明显作用,市势见顶或见底的技术可信度极高。

参考实例:2015 年 1 月 16 日,老白干酒(600559)的分时走势图下面的部分即为分时技术指标窗口。在这里是分时 PSY 技术指标,它在 PSY 值连续两次出现在 25 以下时形成了 W 形底,属于超卖区见底,短线投资者可以买入股票。如图 1-10 所示。

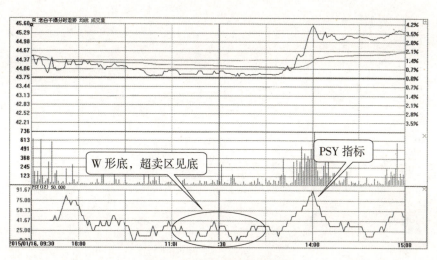

图1-10 老白干酒分时走势

1.3.2 RSI 分时技术指标

RSI 分时技术指标是用向上波动幅度和总波动幅度的比值来描述走势强弱的相对强弱指标。

RSI 的计算公式：相对强弱值 RSI ＝（N 日内收盘价上涨幅度总和 /N 日内收盘价波动幅度总和）× 100。

RSI 运用方法如下。

① 6 日 RSI 向上突破 85，进入超买区；向下跌破 15，进入超卖区。

② 当股价盘整时，RSI 出现一底比一底高，多头势强，后市可能继续上涨；反之，是卖出信号。

③ 股价尚在盘整阶段，而 RSI 已多次形成 W 形底或其他见底信号，则表明股价将随之突破。

④ 6 日 RSI 向上突破 12 日 RSI，形成买入信号；反之，则形成卖出信号。

参考实例：2015 年 1 月 16 日，深科技（000021）的分时走势上的 RSI 分时技术指标先后形成了头肩底和 W 形底，而且伴随着 6 日 RSI 向上突破 12 日 RSI，形成强烈的买入信号，此时，短线投资者可以积极买入股票。如图 1-11 所示。

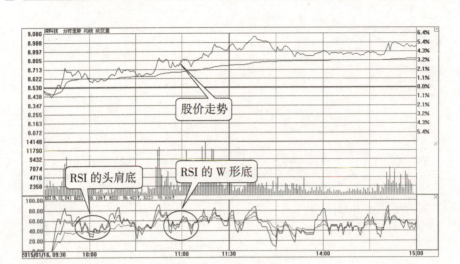

图 1-11 深科技分时走势

1.3.3 量比指标

量比是衡量相对成交量的指标。它是指股市开始后平均每分钟的成交量与过去5个交易日平均每分钟成交量之比。其计算公式为：

量比=现成交总手/（过去5日平均每分钟成交量×当日累计开始时间）

参考实例：2015年1月16日，北京城建（600266）的股价在震荡中略有下行，量比曲线呈现出圆弧形的形状。如图1-12所示。

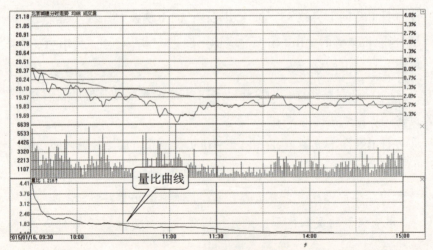

图 1-12 北京城建分时走势

从量比的计算过程可以知道，该指标反映当前盘口的成交力度与最近5

天的成交力度的差别。这个差别值越大表明当日该股流入的资金越多,盘口成交越趋活跃。因此,量比资料可以说是盘口语言的翻译器,它是超级短线临盘实战洞察主力短时间动向的秘密武器之一,更适用于短线操作。

在实战中,量比要结合价格使用,来对未来的走势进行研判。其运用法则如下。

① 量比在 0.8 ~ 1.5 倍之间,说明成交量处于正常水平。

② 量比在 1.5 ~ 2.5 倍之间为温和放量。如果股价也处于温和缓升状态,则升势相对健康,可适当买入。若股价下跌,则可认定跌势难以在短期内结束,从量的方面判断可考虑停损退出。

③ 量比在 2.5 ~ 5 倍之间为明显放量。若股价相应地跌破重要支撑或突破重要阻力位置,则跌破或突破有效的概率颇高,可以积极买入。

④ 量比在 5 ~ 10 倍之间为剧烈放量。如果个股在处于长期低位后出现剧烈放量突破,则涨势的后续空间巨大,往往是一波上涨走势的开端,此时可以逢低买入。但是,如果在个股已有巨大涨幅的情况下出现如此剧烈的放量,则需要高度警惕。

参考实例:2015 年 1 月 16 日,荣盛石化(002493)的量比曲线从低位开始迅速上扬,表明市场正在剧烈放量。再加上该股股价经过前一日的回调整理阶段,此时突然急剧放量,往往是股价加速上涨的预兆,投资者可以果断买入。之后该股股价迅速冲击涨停。如图 1-13 所示。

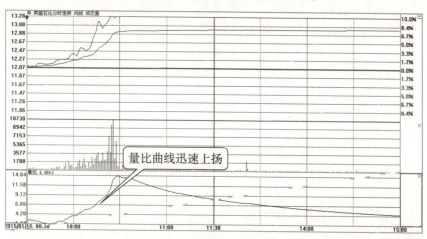

图 1-13 荣盛石化分时走势

1.4 分时盘口的特殊变化：探寻主力的蛛丝马迹

分时盘口是指分时行情中的股价买卖盘口。通过分时走势图，投资者可以看到很多主力意图。无论多么娴熟的操作技巧，多么天衣无缝的事前计划，在股市中人算不如天算的事情时有发生，这就给投资者判断主力的真实想法创造了机会。但是在看盘过程中，如果投资者过于关注分时走势，再加上自己先入为主的心理，则很容易被一些细小的非主要因素误导。因此，分析分时盘口需注意以下几点，投资者可认真学习后掌握。

1.4.1 尾市盘口急拉

尾市盘口急拉是指分时盘口选择收市前半小时内完成整个拉升，大买单不断向上拉升的局面。若在收盘最后几分钟时，股价出现异常的放量拉升，股价的变动呈跳跃波动，则这种拉升的手法只是市场投资者短时间的需要，有时可能是为了账面利润，有时是为了引起市场关注，这多是一种信心不足的表现。这种手法在股价大幅上涨之前一般不会出现，在股价主趋势完成以后才比较常见。

参考实例：2015年1月16日，湘邮科技（600476）的分时走势上出现了尾市急速拉升的走势，如图1-14所示。其在盘口主要表现为大买单不断向上买入，盘口委托卖单突然增大，以此制造更大成交量，吸引更多的投资者跟风买进，从而拉动股价上涨。虽然前期走势较为稳健，但尾盘的拉升给股票带来了不确定性，投资者要谨慎持有。

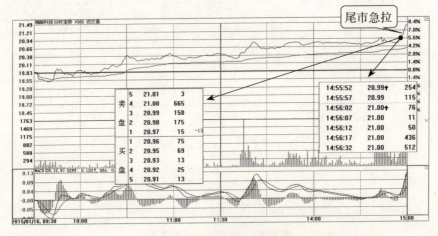

图1-14 湘邮科技分时走势

1.4.2 跌势钝化盘口

跌势钝化盘口是指一只股票在下跌时波澜不惊，不引人注意，这种特点在分时走势图中表现得尤为突出。出现这种现象的主要原因是，作为盘中暂时可以影响股价短线走势的资金或者筹码，总是希望股价在下跌的时候，能尽量让投资者更长时间地持有股票，这样投资者就不会因突然恐慌而卖出。于是在分时盘口中，我们经常可以看到主流资金操盘时小心翼翼，唯恐引起市场的关注。

参考实例：2015年1月16日，中南建设（000961）的分时走势上出现了跌势钝化走势，但在盘口上，股票起初买卖盘较弱，随后更多投资者加入到买方，纷纷委托买入股票，此时主力资金或筹码看到有资金介入，开始了大卖单砸盘，进而达到出货的目的。如图1-15所示。

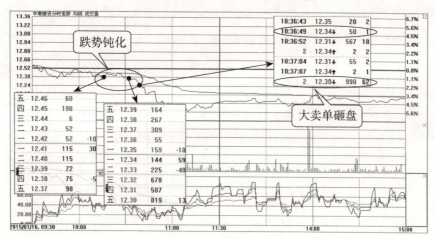

图1-15 中南建设分时走势

第 2 章
K线图快速入门：多空动能尽在其中

2.1 单根K线形态：四个价格蕴含多空信息

K线又称蜡烛线、阴阳线。K线图有直观、立体感强、携带信息量大的特点，能充分显示股价趋势的强弱、买卖双方力量的变化。K线图对后市走向的预测较为准确，是实时分析系统应用较多的技术分析手段。一根K线可由开盘价、最高价、最低价和收盘价组成，其形态千差万别。在此我们介绍几种常见K线形态，仅供投资者参考。

2.1.1 锤头线

锤头线是指实体比较短小，下影线较长，一般为实体的两倍以上。其中K线可以是阴线，也可以是阳线。如图2-1所示。

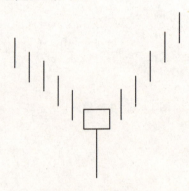

图2-1 锤头线

锤头线往往出现在市场的底部，为见底信号，后市看涨。大跌后的锤头线显示买盘开始介入。如果锤头线出现后的三日内再次出现向上跳空或者低开高走的大阳线，且收盘突破锤头线顶点价位时，说明反弹即将开始，投资者可以适当买入。

参考实例：2014年8月29日，爱仕达（002403）的日K线图上出现了锤头线形态。这表明股价经过一波下跌后开始徘徊震荡，随后出现的锤头线更加确立了股价短期底部的形成。此时，投资者可以少量买入股票；次日，股价突破锤头线顶点价位，此时投资者可以积极买入股票。如图2-2所示。

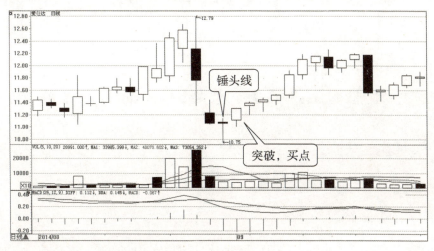

图2-2　爱仕达日K线

另外，K线图中还会出现另一种情况，即锤头线出现在上涨行情顶部，如图2-3所示。市场一般把出现在上涨行情顶部的锤头线称为吊颈线。其形态虽然与前述相同，但因出现的位置不同，所以称谓也发生了变化。吊颈线，顾名思义是指像上吊一样被吊在半空中。多形容股价见顶，投资者若此时不卖出股票，未来会像"上吊"一般难受。

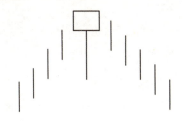

图2-3　吊颈线

参考实例：2014年8月12日，宏发股份（600885）的日K线图上出现了吊颈线的走势。这表明股价经过一波上涨后出现上涨乏力的现象，随后出现的吊颈线更加确立了股价短期顶部的形成。此时，投资者可以卖出部分股票。8月14日，股价击破吊颈线低点价位，此时投资者可以果断卖出股票。

如图2-4所示。

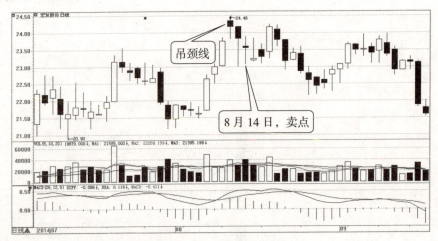

图2-4 宏发股份日K线

2.1.2 十字线

十字线是指在某个交易日，开盘价、收盘价完全相同，实体成为"一"字，K线形态只有上下影线。

十字线形态说明当天市场多空双方处于胶着状态，两边力量达到了均衡。若十字线出现在股价大幅上涨之后，且次日收盘价低于当日收盘价，这说明卖方力道较强，股价可能下跌；若出现在股价大幅下跌之后，且次日收盘价高于当日收盘价，则说明买方力道较强，股价可能上涨。因此，十字线在一定范围内也可以视为反转信号。

十字线发出的信号并不强烈，股价可能只是短暂反转就继续原来的走势。对此投资者要注意把握十字线强信号的时机。

参考实例：2014年12月，同花顺（300033）的日K线图上先后出现了多个十字线。12月2日，股价经过大幅上涨之后出现的十字线极具顶反转信号。几个交易日后，股价上涨遇阻回落，此时投资者应该卖出股票。12月11日，股价经过回调之后出现了实体为阴线的十字线，这表明股价下跌后获得较强支撑，股价可能见底。次日，股价开始大幅上涨，突破了十字线的支撑区间。此时投资者可以卖出股票。12月17日，股价短暂上涨后再次出现十字线。由此确立股价顶部反转，投资者应尽快卖出股票。12月23日，股价下跌后又在低位形成了十字线，随后股价小幅反弹。投资者可以借此机会买入股票，进行短线操作。如图2-5所示。

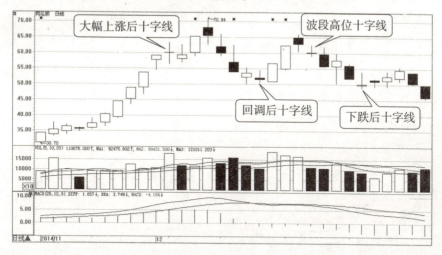

图2-5　同花顺日K线

2.1.3　大阳线

如果在某个交易日里，股价收出一根阳线，同时其实体很长而上下影线较短的话，那么这根阳线一般就称为"大阳线"。如图2-6所示。大阳线表示较为强烈的买入势头，在股价上涨初期，具有极其重要的看涨信号。但是，在股价上涨的后期，其往往表示为最后的顶部。

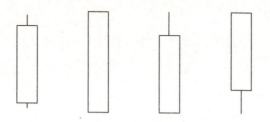

图2-6　大阳线形态

图2-6中的阳线从左至右依次为大阳线、光头光脚大阳线、光脚大阳线和光头大阳线。其中，光头光脚大阳线出现在股价低价位时，其看涨信号最强烈，其次是光头大阳线，再就是光脚大阳线，看涨信号最弱的则是带有上下影线的大阳线。

若在高价位出现大阳线，则往往带有欺骗性，可能是庄家在高位诱空的信号。

参考实例：2014年8月29日、9月17日和24日，银泰资源（000975）的日K线图上先后出现了三个大阳线。8月29日，股价经过一波下跌后出现光脚大阳线，这表明多方强势介入，后市看涨。在9月17日和24日，股价经过一波大幅上涨之后，出现大阳线，这多是主力在诱惑散户投资者跟风买入的操作手法，此时投资者应谨慎持有，若后期出现见顶反转信号，投资者应尽早卖出股票。如图2-7所示。

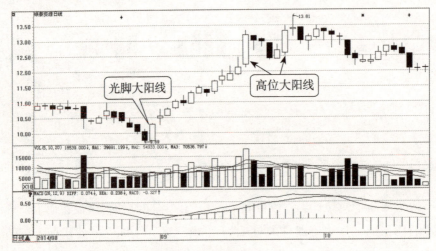

图2-7　银泰资源日K线

2.1.4　大阴线

如果在某个交易日里，股价收出一根阴线，同时其实体很长而上下影线较短的话，那么这根阴线一般就称为"大阴线"，如图2-8所示。大阴线表示较为强烈的卖出势头，在股价下跌初期，具有极其重要的看跌信号。但是，在股价下跌的后期，其往往表示为最后的底部。

图2-8　大阴线形态

图 2-8 中的大阴线从左至右依次为大阴线、光头光脚大阴线、光脚大阴线和光头大阴线。其中，光头光脚大阴线出现在股价高价位时，其看跌信号最强烈，其次是光脚大阴线，再就是光头大阴线，最后才是带有上下影线的大阴线。

若在低价位出现大阴线，则往往带有欺骗性，是庄家在低价位诱空的信号。

参考实例：2014 年 12 月 1 日、5 日和 22 日，顺网科技（300113）的日 K 线图上出现了大阴线的形态。如图 2-9 所示。

12 月 1 日的大阴线表明股价虽处于高位震荡，但多方猛砸大阴线，预示着股价即将下跌。12 月 5 日，顺网科技股价再次出现大阴线，此大阴线为光头大阴线。这表明空方势头很强，股价还将下跌，此时投资者应卖出股票。

12 月 22 日，股价再次下跌出现光头大阴线，此时纵观整个盘面来看，股价已经大幅下跌，该光头大阴线有欺骗性。随后股价横盘一段时间后出现反弹。

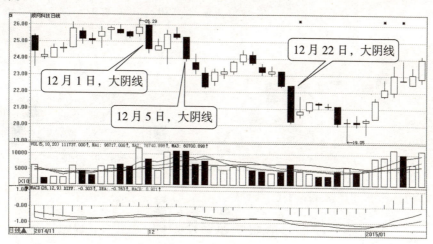

图 2-9　顺网科技日 K 线图

2.1.5　小阳线或小阴线

小阳线是阳线实体较短且带有短上下影线的 K 线，如图 2-10 所示。上下影线可以有不同的变化，如上长下短、短下长等，其出现表示多空双方的小型对抗，消化获利盘和解套盘，其趋势一般仍会持续。在 K 线图中，单根小阳线的 K 线意义不大。

图2-10中为各种小阳线形态，其是构成K线图的主要K线，往往代表趋势的延续。小阴线的基本用法与小阳线相同，在这里就不另作解释。

图2-10 小阳线形态

参考实例：2014年11月25日至27日、12月4日和12日，东方能源（000958）的日K线图上先后出现多种类型的小阴线和小阳线。

11月25日至27日出现的连续三根小阴线共同组成了三只乌鸦形态。这个形态表明股价已经进入下跌行情，是下跌行情的延续的信号。

随后股价进入下跌行情，12月4日的小阴线出现在持续的下跌趋势中，表示下跌趋势还将继续。

12月12日的小阳线出现在持续的上涨趋势中。这根小阳线带有长下影线，是一根吊颈线，显示未来股价上涨遇到阻力，未来将见顶下跌。如图2-11所示。

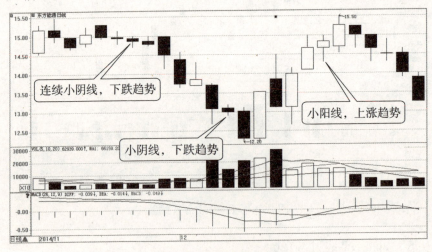

图2-11 东方能源日K线

2.1.6 射击之星

射击之星又称为"流星线"，像是枪的准星，所以有此称谓，如图2-12所示。射击之星可以是阴线也可以是阳线，但实体比较短小，上影线较长。

一般认为上影线长度为实体的两倍以上，下影线很短或者没有下影线。

图 2-12 射击之星示意图

射击之星出现在个股上涨行情的末期，是一种十分明显的见顶信号。这一形态的形成是开盘价比较低，多方组织力量向上强攻，一度急升，但尾市卖盘突然放大，收市价又回落至开盘价附近。投资者在看到此形态时，应第一时间卖出股票。

参考实例：2014 年 11 月 20 日，精艺股份（002295）的日 K 线图上出现了射击之星形态。这表明在股价经过一波上涨后，虽然多方跳空拉升股价，但高位空方力量强劲，最后多方败下阵来。这预示着股价即将进入下跌行情，投资者应把握第一时间卖出股票。如图 2-13 所示。

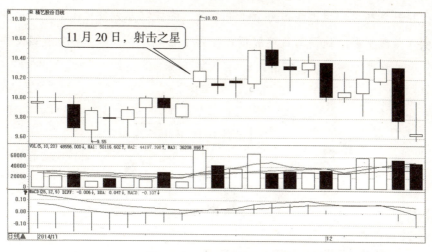

图 2-13 精艺股份日 K 线

2.1.7 倒锤头线

倒锤头线的形态与射击之星完全相同，不同之处在于，射击之星出现在上涨行情末期，而倒锤头线则出现在下跌行情的末期。因其K线形态像一把倒置的锤头，故俗称"倒锤头"，如图2-14所示。

图2-14　倒锤头线示意图

倒锤头线出现在下跌行情中，往往在市场底部。倒锤头线表明多方拉动股价向上冲高，但遭到空方力量的强烈打压，导致股价不断收低，最终会在日K线图中留下一个倒锤头。这种走势，说明股价见底，多方力量开始介入，但空方力量依然很强势，若后市多方力量能够进一步增强，则股价即将发生反转。

参考实例：2014年10月24日，汉缆股份（002498）的日K线图上出现了倒锤头线形态。这表明在股价经过一波大幅度下跌后，多方力量认为到了股价底部，纷纷买入股票，由此吸引更多投资者买入股票，希望短时间内将股价拉升到高位，但因多方力量不够强劲，终被空方力量打压下来，由此形成倒锤头线形态。这同时说明股价已经到了底部，后市多方力量凝聚足够大时，股价将进入一波上涨行情。如图2-15所示。

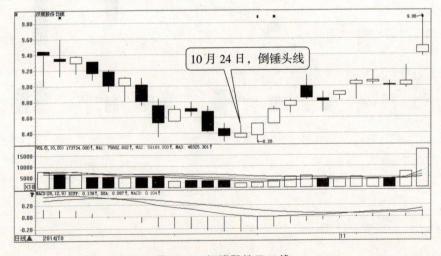

图2-15　汉缆股份日K线

2.1.8 T字线、倒T字线和一字线

T字线、倒T字线和一字线是指形状像字母T、倒T、一字的K线，如图2-16所示。

图2-16 T字线、倒T字线和一字线示意图

T字线、倒T字线和一字线主要出现在上涨或下跌行情中，其往往代表着极其强势或极其弱势中的一种极端情况。这些K线图多出现在ST股票里面，但它完全是由庄家控盘造成的。根据位置不同，技术含义也有所不同。

参考实例：2014年1月至2月，金轮股份（002722）上市后，其股价连续上涨。在此过程中，主力为了拉升股价，采用一字线和T线的涨停形态吸引投资者的跟风买入，从而造成股价的大幅上涨。

3月10日，当主力获得足够多的筹码后，开盘就大量抛出股票，使股价以跌停开盘。盘中虽然有大量投资者追高买入，将股价拉升至较高的位置，但主力的卖盘更加巨大，至收盘时仍然将股价压制在跌停板上，形成倒T字线。如图2-17所示。

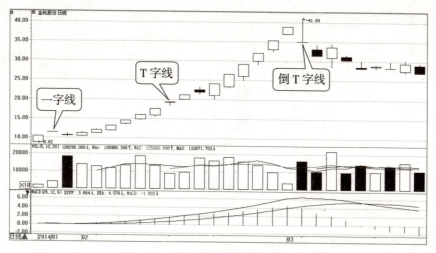

图2-17 金轮股份日K线

2.2 K线组合形态：辨别图谱寻找涨跌信号

K线组合就是指至少有两根或两根以上的K线组成的预示股价见顶、见底或持续上涨、下跌信号的形态。该组合在整个K线图中会不断地重复出现，如果你掌握了这些规律，将在很大限度上提高你技术分析的准确度。底部K线组合出现时，说明股价很快就会上升，要赶快建仓；顶部K线组合形态出现时，说明风险很大，要及时获利了结。下面我们简单讲解一下部分K线的经典组合。

2.2.1 早晨之星

早晨之星，顾名思义就是指太阳尚未升起的时候，在黎明前最黑暗的时刻，一颗明亮的启明星在天边指引着那些走向光明的夜行人，前途非常看好。而在股市中，K线图上的"早晨之星"即预示着跌势已尽，大盘处于拉升的前夜，行情将摆脱下跌的阴影，逐步走向光明。

早晨之星由三根K线组成，如图2-18所示。首先股价处于下跌行情，之后出现大阴线，说明空方力量主导着下跌行情。随后股价收小星线（该小星线可以为阳线也可以是阴线），这再次说明多空双方力量处于均衡状态。最后多方力量强势拉升股价上涨并收大阳线，该阳线实体部分深入到阴线实体部分或将阴线覆盖。该形态说明多方力量开始拉升股价，后市看涨，投资者可积极买入股票。

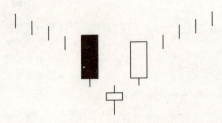

图2-18 早晨之星示意图

参考实例：2014年11月13日至17日，成商集团（600828）的日K线图上出现了早晨之星的K线组合形态。这表明股价底部已经确立，多方力量开始拉升股价。投资者在遇到此形态时，待该形态确立后可积极买入股票。如图2-19所示。

第 2 章　K 线图快速入门：多空动能尽在其中

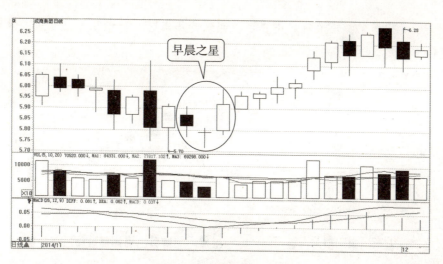

图 2-19　成商集团日 K 线

2.2.2　黄昏之星

黄昏之星，顾名思义就是指太阳黄昏日落的时候，其余光慢慢消失，多形容光明消失、黑暗来临。在股市中，黄昏之星多指市场在持续的涨势之后，已无续涨的动能，股价已经到了顶点，后市将进入下跌行情。

黄昏之星也是由三根 K 线组成，如图 2-20 所示。首先股价处于上涨行情，之后出现大阳线，这说明多方力量主导着上涨行情。随后股价收小星线（该小星线可以为阳线也可以是阴线），这再次说明多空双方力量处于均衡状态。最后空方力量来袭，致使股价下跌并收大阴线，该阴线实体部分深入到阳线实体部分，或将阳线覆盖。整个 K 线组合形态表明空方力量开始主导行情，后市看跌，投资者应尽早卖出股票。

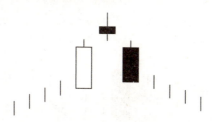

图 2-20　黄昏之星示意图

参考实例：2014 年 6 月 30 日至 7 月 2 日，光环新网（300383）的日 K 线图上出现了黄昏之星的 K 线组合形态。这表明股价顶部已经确立，空方力

27

量开始卖出股票打压股价。投资者在遇到此形态时，待该形态确立后可清仓离场。如图 2-21 所示。

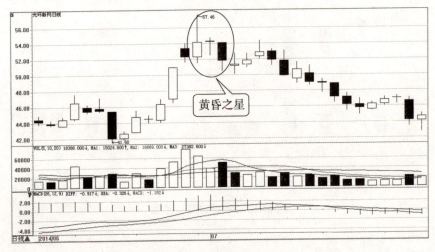

图 2-21 光环新网日 K 线

2.2.3 曙光初现

曙光初现，是指当股价处于漫漫熊途路，"跌跌不休"让投资者看不到希望，此时出现的大阳线犹如一股光明力量深入到敌人内部，给广大"投资者"指明了方向。曙光初现犹如救命稻草一样给人以希望。

曙光初现由两根 K 线组成，如图 2-22 所示。起初，股价在下跌行情中出现一根大阴线，这说明空方力量打压股价至新低，投资者看不到希望。随后紧接着出现一根大阳线，该阳线实体部分深入到大阴线实体部分，甚至覆盖大阴线，出现曙光初现 K 线组合形态。此时，多方力量强势拉升股价，给投资者做多买入提供了机会。

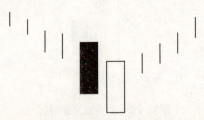

图 2-22 曙光初现示意图

参考实例：2014 年 12 月 9 日至 10 日，中百集团（000759）的日 K 线图上出现了曙光初现的 K 线组合形态。这表明股价经过大幅杀跌后，已经阶段性见底。多方力量开始介入拉升股价，确立了市场行情底部，股价后市看涨。此时，投资者可以积极布局分批次买入股票。如图 2-23 所示。

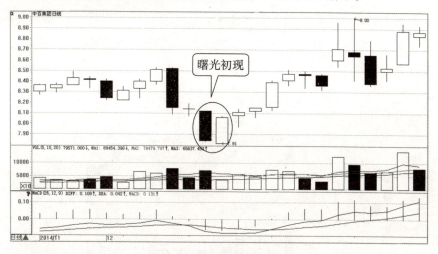

图 2-23 中百集团日 K 线

2.2.4 乌云盖顶

乌云盖顶，顾名思义是指天空乌云密布，多用来形容将有暴雨来临。在股市中多用于形容股价已经达到顶点，后市将要下跌。确立乌云盖顶形态后，投资者应及时卖出股票。

乌云盖顶由两根 K 线组成，如图 2-24 所示。在上涨行情中，首先出现一根大阳线，这表明多方力量强势，拉升股价奋力上涨。紧接着这根大阳线之后出现一根高开的大阴线，该阴线实体部分刺入阳线实体部分的一半以上，却没有完全覆盖。这一形态表明在股价高位，投资者纷纷卖出股票变现，后市将进入下跌行情。据此，投资者应及时卖出股票。

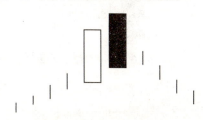

图 2-24 乌云盖顶示意图

参考实例：2014年5月30日至6月3日，彩虹股份（600707）的日K线图上出现了乌云盖顶的K线组合形态。这表明股价经过大幅上涨后出现了乌云盖顶形态。一方面多方力量消耗完毕，另一方面空方力量逐渐云集。这预示着股价将进入下跌行情。在该图中，乌云盖顶形态出现后，主力控制股价展开震荡，从而借机出货。当出货完成后，股价进入下跌通道。因此，当投资者看到该形态时，应及时卖出股票。如图2-25所示。

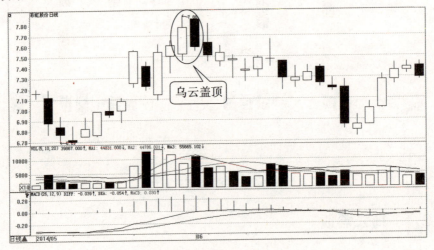

图2-25 彩虹股份日K线

2.2.5 看涨孕线

看涨孕线又称身怀六甲形态，是后一根K线完全孕育在前一根K线之内的K线组合，如图2-26所示。

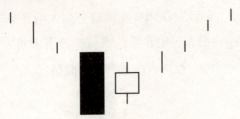

图2-26 看涨孕线示意图

看涨孕线往往出现在股价下跌过程中，先出现一根大阴线或者中阴线，说明空方强势。紧跟阴线之后出现一根小K线，该K线可以是小阳线、小阴线或者十字线，说明之前强势的空方力量衰竭，多空双方陷入僵持。看涨孕线多为反转信号,用以说明股价后市将进入上涨行情。

参考实例:2014年12月9日至10日,康盛股份(002418)的日K线图上出现了看涨孕线形态。这表明股价经过一波下跌后,空方力量衰竭,多空双方力量达到均衡。这也预示着股价后市将进入上涨行情。12月12日,股价放量上涨,此时投资者可积极买入股票。如图2-27所示。

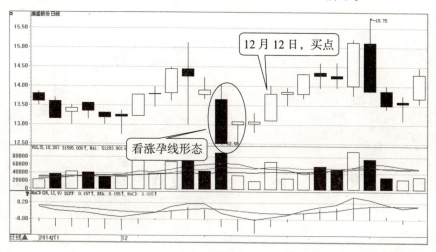

图2-27 康盛股份日K线

2.2.6 看跌孕线

看跌孕线也是指后一根K线完全孕育在前一根K线之内的K线组合。其与看涨孕线的不同之处在于出现的位置不同,如图2-28所示。

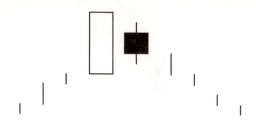

图2-28 看跌孕线示意图

看跌孕线往往出现在股价上涨过程中,先出现一根大阳线或者中阳线,表示多方强势。紧跟阴线之后出现一根小K线,K线可以是小阳线、小阴线或者十字线,表示之前强势的多方力量衰竭,多空双方陷入僵持。看跌孕线多为反转信号,用以说明股价后市将进入下跌行情。

参考实例：2014年9月2日至3日，中国软件（600536）的日K线图上出现了看跌孕线形态。这表明股价经过一波上涨后，多方力量衰竭，空方力量增强，多空双方力量达到短暂均衡。这也预示着股价后市将进入下跌行情。9月16日，股价跌破看跌孕线底部，此时投资者应坚决卖出股票。如图2-29所示。

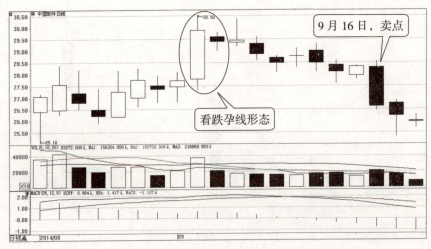

图2-29　中国软件日K线

2.2.7　看涨吞没

看涨吞没又称包容线、抱线、底部穿头破脚形态，是后一根阳线将前面一根阴线完全吞没的K线组合，如图2-30所示。

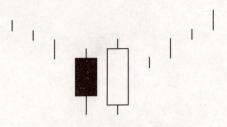

图2-30　看涨吞没示意图

看涨吞没往往出现在股价下跌行情中，是前小后大、前阴后阳的两根K线组合。在股价持续下跌一段时间后，K线图中出现一根阴线，阴线的实体部分较短，表示下跌趋势减缓。紧跟阴线之后，出现一根阳线，阳线的实体将阴线完全吞没（但并不一定吞没阴线的上下影线）。这表示多方力量压倒空方,开始占据主动。因此,看涨吞没形态为底部看涨信号。

参考实例:2014 年 11 月 14 日至 17 日,大西洋(600558)的日 K 线图上出现了看涨吞没形态。这表明股价经过一波下跌后,空方力量衰竭,多方力量增强,多方开始拉升股价上涨。这也预示着股价后市将进入上涨行情。11月 18 日,股价突破看涨孕线顶点,此时投资者可以买入股票。如图 2-31 所示。

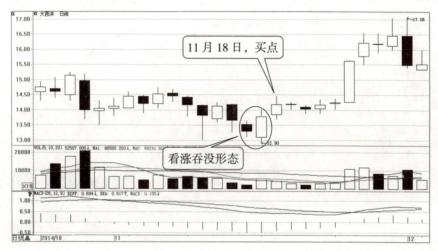

图 2-31　大西洋日 K 线

2.2.8　看跌吞没

看跌吞没又称包容线、抱线、顶部穿头破脚形态,是后一根阴线将前面一根阳线完全吞没的 K 线组合,如图 2-32 所示。

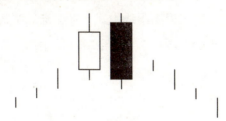

图 2-32　看跌吞没示意图

看跌吞没形态出现在股价上涨行情中,是前小后大、前阳后阴的两根 K线组合。在股价持续上涨一段时间后,K 线图中出现一根阳线,阳线的实体部分较短,表示上涨趋势减缓。紧跟阳线之后,出现一根将阳线完全吞没的大阴线(但并不一定吞没阳线的上下影线),表示空方力量压倒多方,开始占据主动。因此，看跌吞没形态为顶部看跌信号。

参考实例：2014年9月19日至22日，昆药集团（600422）的日K线图上出现了看跌吞没形态。这表明股价经过一波上涨后，多方力量衰竭，空方力量增强，空方占据优势，打压股价进入下跌行情。9月24日，股价跌破看跌吞没形态低点，此时投资者应卖出股票。如图2-33所示。

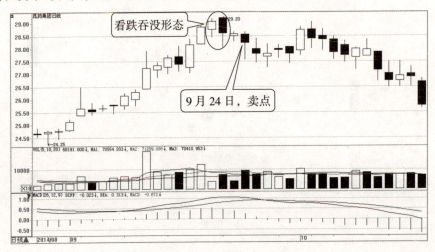

图 2-33 昆药集团日 K 线

2.2.9 红三兵

红三兵是指三根连续上涨的小阳线，多表示看好后市行情，但看涨信号较弱。

红三兵由连续上涨的三根小阳线组成。在上涨行情初期，股价连续收三根小阳线，这些阳线间无跳空缺口。如图2-34所示。

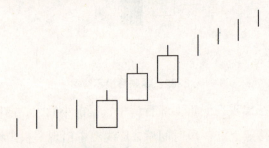

图 2-34 红三兵示意图

参考实例：2014年8月29日至9月2日，众合机电（000925）的日K

线图上出现了红三兵的 K 线组合形态。这表明股价经过一波震荡调整后，底部已然确立，此时股价连拉三根上涨的小阳线，形成红三兵形态。这表明多方开始拉升股价上涨。此时，投资者可以配合买入股票。如图 2-35 所示。

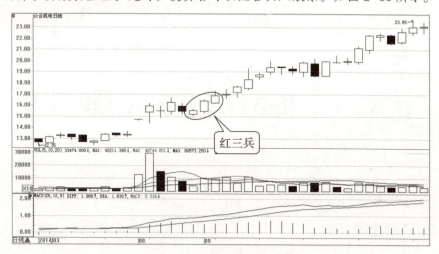

图 2-35　众合机电日 K 线

2.2.10　三只乌鸦

乌鸦本意即是指"不祥"。在股市中的"三只乌鸦"表示股价即将加速下跌，后市行情看淡。

三只乌鸦是由三根阴线组成。在下跌行情初期，股价连续收三根小阴线，这些阴线间无跳空缺口。如图 2-36 所示。这说明股价进入下跌行情，持有股票的投资者应及时卖出股票。

图 2-36　三只乌鸦示意图

参考实例：2014 年 8 月 1 日至 5 日，双汇发展（000895）的日 K 线图上出现了三只乌鸦的 K 线组合形态。这表明主力高位完成出货，股价在三只乌鸦后确立进入下跌行情，投资者应及时卖出股票。如图 2-37 所示。

图 2-37 双汇发展日 K 线

2.2.11 上升三法

上升三法是指在股价上升过程中出现的一个调整休息区间,待该区间结束后,后市依然看好。此时,投资者可积极做多买入。

上升三法由五根 K 线组成。在上升趋势中,出现一根大阳线,在该阳线之后,出现三根实体短小的、依次下跌的阴线,这些阴线的实体必须处在第一根阳线的开盘价以上,最后一根阳线的收盘价创出新高,将三根小阴线实体吞没。如图 2-38 所示。上升三法说明多方主导着股价上涨的主旋律,在获利筹码得到释放后,再次拉升股价进入新的上涨行情。

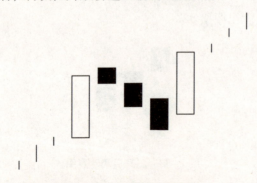

图 2-38 上升三法示意图

参考实例:2014 年 6 月 23 日至 27 日,卧龙电气(600580)的日 K 线图上出现了上升三法的 K 线组合形态。这表明股价大幅上涨后,经过三天连续下跌，释放了抛盘压力，之后主力拉升股价上涨时抛盘压力减小。这预示着股价后市将进入加速上涨阶段。投资者可积极买入股票。如图 2-39 所示。

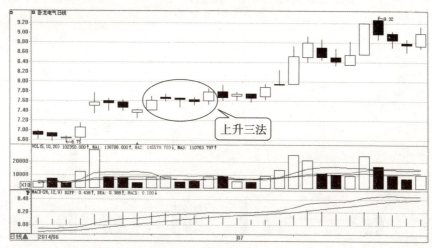

图 2-39　卧龙电气日 K 线

2.2.12　下降三法

下降三法是指在股价下跌过程中出现的一个调整休息区间，待该区间结束后，后市依然看淡。此时，短线投资者做短差应及时止盈或止损。

下降三法由五根 K 线组成。在下跌趋势中，出现一根大阴线，在该阴线之后，出现三根实体短小的、依次上涨的阳线，这些阳线的实体都处在第一根阴线的开盘价以下，最后一根阴线的收盘价创出新低，完全吞没了三根小阳线的涨幅。如图 2-40 所示。下降三法说明空方主导着股价下跌的主旋律，待市场热情过后，空方再度打压股价进入新的下跌行情。

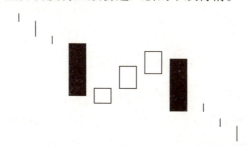

图 2-40　下降三法示意图

参考实例：2014 年 12 月 1 日至 5 日，华虹计通（300330）的日 K 线图上出现了下降三法的K线组合形态。这表明股价经过一波下跌后，买方力量聚集，推动股价小幅反弹。股价上升之后空方力量逐渐增大，再一次打压股价至新低。这预示着新一波下跌行情已经开始。投资者见到下降三法形态后应及时卖出股票。如图2-41所示。

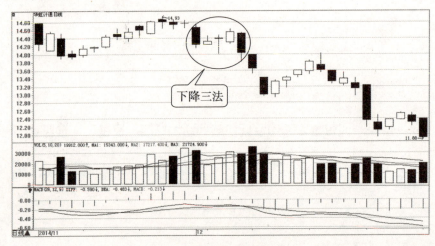

图2-41 华虹计通日K线

2.3 不同周期的K线配合：多图结合效果更佳

K线代表的周期越短，那么其发出的信号涵盖周期就越短；K线代表的周期越长，那么发出的信号涵盖周期就越长。例如，日K线发出的反转信号，表示行情即将出现日线级别的反转，而月K线发出的反转信号，表示行情即将出现月线级别的反转。投资者若在日线里找不到反转信号可以在周K线或60分钟K线里面寻找，只不过60分钟线所代表的反转级别低，而周K线代表的反转级别较高罢了。

2.3.1 日K线与60分钟K线的配合

日K线是指记录股票一天内价格变动情况的图线，包括开盘价、收盘价、最高价和最低价。将每天的K线按照时间先后顺序排列在一起，就组成日K线图。在技术分析中往往默认日K线为基本分析图线。

60分钟K线，顾名思义是指60分钟内价格变动情况的图线，通常用于观察盘中具体买卖股票的时机。

第 2 章　K 线图快速入门：多空动能尽在其中

参考实例：2014 年 9 月底至 10 月，丰林集团（601996）日 K 线图上的日 K 线涨跌紧凑，呈现出缓缓上移的走势。投资者在买入此股后，整体涨幅较小，而时间成本较高。因此，可采用观察 60 分钟 K 线图的方式寻找合适的买卖点，进行短线波段操作，如图 2-42、图 2-43 所示。

在上涨通道里面，投资者可于 9 月 24 日上午 11:30 买入该股，随后该股于 9 月 29 日上午 10:30 左右达到通道高点，投资者此时可以卖出。

这轮短线波段操作可以赚到 9% 的收益。而后，当股价最终跌破上升通道的下边线时，投资者应该将手中的股票全部卖出。

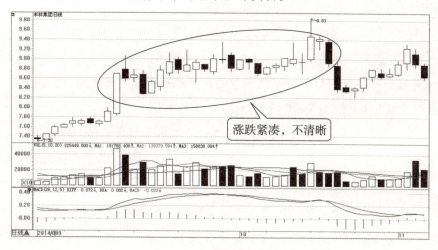

图 2-42　丰林集团日 K 线

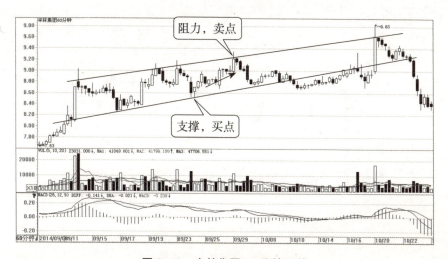

图 2-43　丰林集团 60 分钟 K 线

39

2.3.2 日K线与周K线的配合

投资者在看周K线时，找的是中长期趋势的反转信号，而中长期趋势的反转，不是一朝一夕可以完成的。因此在实战看盘中，投资者需要细心地观察，寻找多种不同类型的反转信号，并将这些信号互相验证。如果这些信号均指向同一个方向，那么将大大增强这些信号的可靠性。

为进一步提高准确性，投资者应该选取一定时间跨度内的周K线，进行综合分析。如果同方向的反转信号不断出现，这些信号的叠加，无疑将增强这些信号的可靠性。

参考实例：2014年5月12日至16日，东宝生物（300239）的日K线图上一周五根K线的形态比较特殊。如图2-44所示。这个形态中的前三根可以看作是红三兵的变形形态。不过因为随后两根阴线，投资者或许不能肯定股价已经见底。此时，投资者可切换到周K线去观察。

2014年5月12日至16日的这一周，东宝生物的周K线上形成了倒锤头线。如图2-45所示。这表明股价见底，后市即将上涨。因此，将图2-44和图2-45结合起来看，以周为单位，股价发出见底信号，股价后市将要上涨，而从以日为单位来看，其K线图上的红三兵的变形形态也说明股价即将上涨。综合两者来看，其都是股价见底，后市上涨的信号。因此，投资者可以据此买入股票。

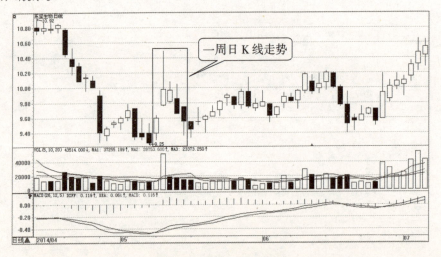

图2-44　东宝生物日K线

第 2 章　K 线图快速入门：多空动能尽在其中

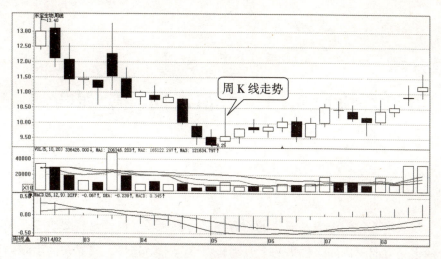

图 2-45　东宝生物周 K 线

第3章
趋势形态快速入门：行情走向轻松判断

3.1 反转形态：强弱要变天

反转形态的图形表示股价的原有趋势将要逆转，也就是将要改变原先股价的走势方向。例如，原来的上升趋势将变为下降趋势，或原来的下降趋势将变为上升趋势。反转形态的典型图形有 M 形顶、W 形底、头肩顶、岛形反转等。在这里我们主要介绍以下几种反转形态。

3.1.1 M 形顶与 W 形底

（1）M 形顶

M 形顶又称双顶、M 头，是指股价在高位出现的两个顶部，形似大写字母 M，如图 3-1 所示。

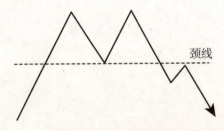

图 3-1 M 形顶示意图

M 形顶一般出现在上升行情的末期。在上涨行情的末期，股价创新高后出现了一个顶部，随后股价回调至低价位，该低价位的水平线可称为 M 形顶的颈线。紧接着股价又出现上涨，但此次上涨的高点受到前期高点的制约，会使股价再次下跌，由此形成另一个顶部。当股价跌破期间的低价位时，一般称为股价跌破颈线，后市将进入下跌通道，M 形顶形态完成。

在整个形态中，多方力量经历了由强转弱的过程，或者说空方力量经历了由弱转强的过程。经历该形态后,市场将由多方主导的上涨行情转变为空方主导的下跌行情,股价趋势发生了变化。因此,当出现 M 形顶时,投资者应坚决卖出股票。

参考实例:2014 年 8 月至 9 月,瑞丰光电(300241)的日 K 线上出现了 M 形顶形态。这表明市场已经由多方主导的上涨行情,转变为空方主导的下跌行情。投资者应及时卖出股票。在该例中,股价跌破颈线后出现了反弹走势。这种走势往往是短线资金炒作的迹象,而这种反弹走势,也往往是投资者卖出股票的最佳时机之一。如图 3-2 所示。

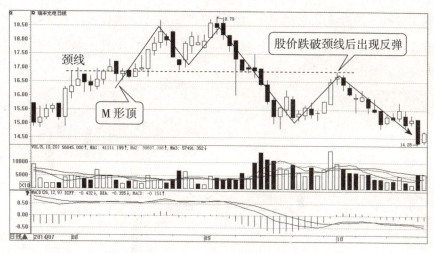

图 3-2　瑞丰光电日 K 线

(2) W 形底

W 形底又称双底,是指股价在低位出现的两个底部,形似大写字母 W,如图 3-3 所示。

图 3-3　W 形底示意图

W 形底一般出现在下跌行情的末端。在下跌行情的末端,股价创新低后出现了一个底部,随后股价反弹至高价位,该高价位的水平线可称为 W 形顶的颈线。紧接着股价又出现下跌，但此次下跌的低点受到前期低点的支撑，会使股价再次上涨，由此形成另一个底部。当股价突破期间的高价位时，一般称为股价突破颈线，后市将进入上涨走势，W形底形态完成。

在整个形态中，空方力量经历了由强转弱的过程，或者说多方力量经历了由弱转强的过程。经历该形态后，市场将由空方主导的下跌行情转变为多方主导的上涨行情。股价趋势发生了变化。因此，当股票出现W形底形态时，投资者可以买入股票，后市看涨。

参考实例：2014年11月至12月，中航飞机（000768）的日K线图上出现了W形底形态。这表明市场已经由空方主导的下跌行情，转变为多方主导的上涨行情。当股价突破颈线时，说明W形底已经形成。此时，投资者可买入股票。如图3-4所示。

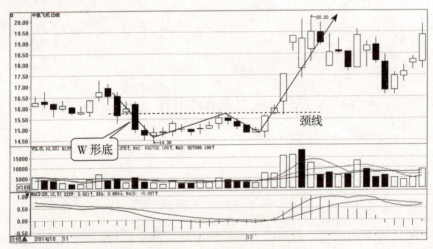

图3-4　中航飞机K线

3.1.2　头肩顶与头肩底

（1）头肩顶

头肩顶是股价在顶部形成的三个峰顶，中间的峰顶比两边高，形似人体的头部和左右两个肩部，如图3-5所示。

头肩顶形态一般出现在上涨行情末期，由连续三个谷峰和两个谷底组成。两边峰顶基本水平，中间的峰顶略高。这三个峰顶从左到右依次叫作左肩、头部、右肩。左肩和头部两次回调后所形成的低点基本水平，这两个低点的连线为颈线。当股价跌破颈线时，投资者应卖出股票。

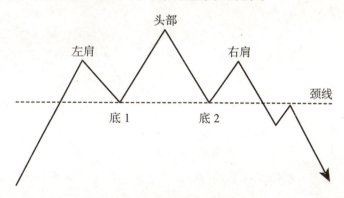

图 3-5 头肩顶示意图

在整个形态中，多方力量经历了由强转弱的过程，或者说空方力量经历了由弱转强的过程。经历该形态后，市场将由多方主导的上涨行情转变为空方主导的下跌行情，股价趋势发生了变化。

参考实例：2014 年 11 月初至 12 月，茂硕电源（002660）的日 K 线图上出现了头肩顶形态。这表明市场已经由多方主导的上涨行情，转变为空方主导的下跌行情。当股价击破颈线时，说明头肩顶形态已经形成。此时，投资者应当卖出股票。如图 3-6 所示。

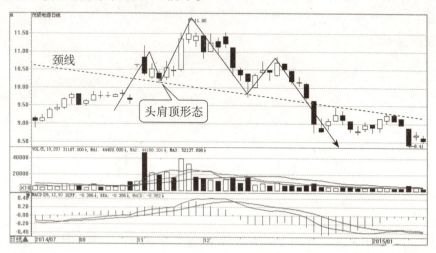

图 3-6 茂硕电源日 K 线

（2）头肩底

头肩底是与头肩顶完全相反的形态，如图 3-7 所示。

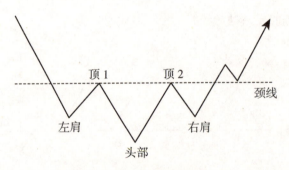

图 3-7 头肩底示意图

头肩底形态一般出现在下跌行情末期，由连续三个谷底和两个谷峰组成。两边谷底基本水平，中间的谷底较低。这三个谷底从左到右依次叫作左肩、头部、右肩。左肩和头部两次反弹后所形成的低点连线为颈线。当股价突破颈线时，投资者可以买入股票。

在整个形态中，多方力量经历了由弱转强的过程，或者说空方力量经历了由强转弱的过程。经历该形态后，市场将由空方主导的下跌行情转变为多方主导的上涨行情，股价趋势发生了变化。

参考实例：2014 年 1 月，江淮汽车（600418）的日 K 线图上出现了头肩底形态。这表明市场已经由空方主导的下跌行情，转变为多方主导的上涨行情。当股价击破颈线时，说明头肩底形态已经形成。此时，投资者可以买入股票。如图 3-8 所示。

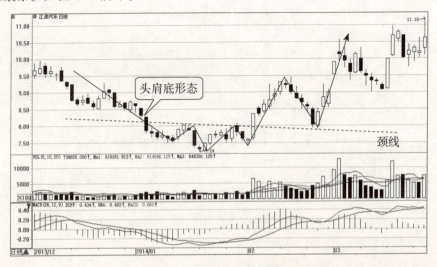

图 3-8 江淮汽车日 K 线

3.1.3 岛形反转

（1）顶部岛形反转

顶部岛形反转，顾名思义是指 K 线如漂离在外的孤岛一般，如图 3-9 所示。在这里多形容物极必反的道理，股价上涨幅度太大终于导致下跌，正所谓"分久必合，合久必分"。

图 3-9 顶部岛形反转示意图

顶部岛形反转出现在上涨行情末期。在股价上涨过程中，首先出现一个跳空的上涨缺口。在该缺口出现之后，股价开始在顶部整理，形似漂离在外的孤岛。股价在顶部整理一段时间后，逐渐进入跌势。此时出现一个跳空的下跌缺口，岛形完全漂离在外，顶部岛形反转形态完成，股价进入下跌通道。

在整个形态中，多方力量借助投资者追涨的热情，将他们套在高价位，从而获得丰厚的赢利。随后，多转空，股价进入下跌通道。

参考实例：2014 年 10 月初，中电远达（600292）的日 K 线图上出现了顶部岛形反转形态。这表明主力拉升股价吸引足够的人气后，跳空高开，使跟风的投资者追高买入。而主力则借机出货，待主力出货完毕后开始打压股价，沉重的抛盘压力使股价跳空低开，进入加速下跌行情。因此，投资者在看到顶部岛形反转形态后，应及时卖出股票。如图 3-10 所示。

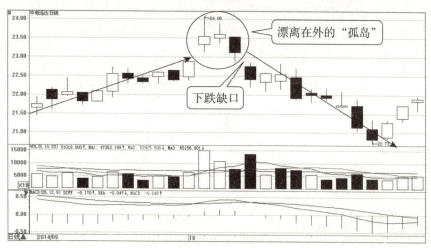

图 3-10 中电远达日 K 线

（2）底部岛形反转

底部岛形反转是与顶部岛形反转完全相反的形态，如图 3-11 所示。

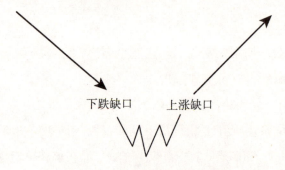

图 3-11　底部岛形反转示意图

底部反转形态往往出现在下跌行情末期。在股价下跌行情中，股价向下跳空留下一个衰竭缺口，这说明空方集中力量向下打压股价，渐显空方力量衰竭。随后多空双方在"岛上"激烈争夺，最终股价向上跳空留下一个突破缺口，这说明多方力量更胜一筹，股价将进入多方主导的上涨行情。之后，股价展开一波上涨。

参考实例：2014 年 4 月底至 5 月初，广聚能源（000096）的日 K 线图上出现了底部岛形反转形态。这说明市场已由空方主导的下跌行情转变为多方主导的上涨行情。因此，当底部岛形反转完成时，投资者可以买入股票。如图 3-12 所示。

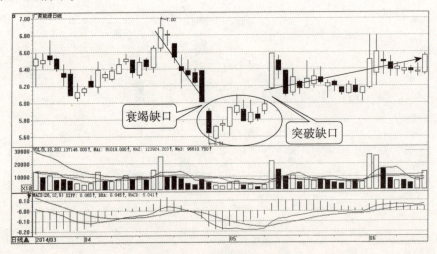

图 3-12　广聚能源日 K 线

3.1.4 V形底与倒V形顶

（1）V形底

V形底又称尖底，是指股价先跌后涨的一种K线形态，形似大写字母V字，如图3-13所示。

图3-13 V形底示意图

V形底出现在一段下跌行情的尾部。在下跌行情中，股价快速下跌，在下跌到一定幅度时，股价又掉头上涨，上涨和下跌之间完全没有整理过渡行情。V形底的反转十分尖锐，常在几个交易日内形成，而且在转势点往往都有较大的成交量。

参考实例：2014年10月，宝钢股份（600019）的日K线图上出现了V形底形态。这说明空方力量展开新一轮空方行情时，受到多方力量的强烈抵抗。左半边显示空方占据优势，随后空方力量在打压股价中衰竭。右半边显示多方力量拉升股价进入上涨行情。如图3-14所示。

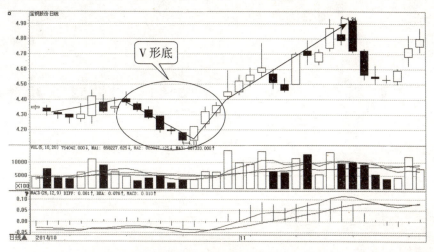

图3-14 宝钢股份日K线

(2) 倒 V 形顶

倒 V 形顶是与 V 形底反转完全相反的形态，如图 3-15 所示。

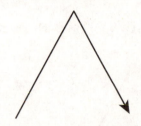

图 3-15　倒 V 形顶示意图

V 形顶出线在上涨行情的顶部。股价先是快速上涨然后快速下跌，头部为见顶，就像倒写的字母 V。倒 V 形的顶部非常尖锐，通常在几个交易日内形成。

参考实例：2014 年 11 月底至 12 月初，科大智能（300222）的日 K 线图上出现了倒 V 形顶形态。在倒 V 形顶形态中，股价被迅速拉高后又被迅速打压，如坐过山车般回到起点。这表明主力诱多出货，投资者被套，后市将进入下跌行情，投资者应及时卖出股票。如图 3-16 所示。

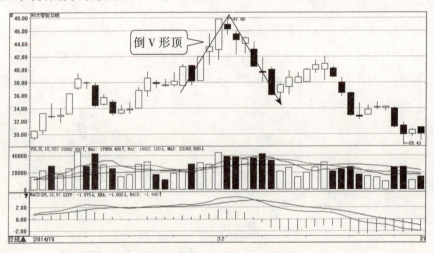

图 3-16　科大智能日 K 线

3.1.5　塔形底与塔形顶

（1）塔形底

塔形底因左右两根塔线得名。塔线即一根大阴线和一根大阳线，两根塔线中间均为小阴线或小阳线,如图 3-17 所示。

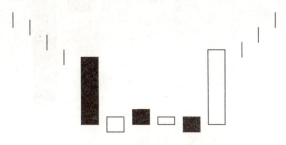

图 3-17 塔形底示意图

塔形底出现在下跌行情中,由一根大阴线、一根大阳线和中间的若干根小阴线或小阳线组成。塔形底是市场遇到强大支撑的表现,同时其形态形成过程就是多空实力互相转换的过程,是空方由强转弱而多方由弱转强的演绎。塔形底是 K 线形态中重要的转势信号,尤其最后一根长阳线将前期若干天的走势一并吞没,显示出多方力量极具强势,市场将进入多方主导的上涨行情。

参考实例:2014 年 6 月中下旬,烽火通信(600498)的日 K 线图上出现了塔形底形态。这表明空方力量衰竭,多方力量极度强势,市场将进入多方主导的上涨行情。所以,当形成塔形底形态时,投资者可以买入股票。如图 3-18 所示。

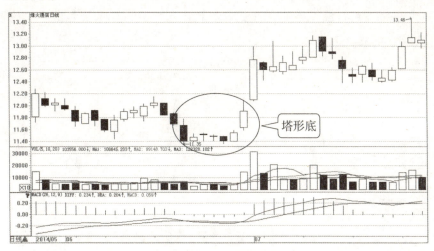

图 3-18 烽火通信日 K 线

(2)塔形顶

塔形顶是与塔形底反转完全相反的形态,如图 3-19 所示。

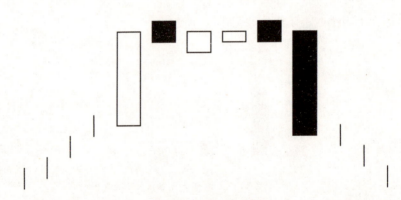

图 3-19 塔形顶示意图

塔形顶出现在上涨行情中，由一根大阳线、一根大阴线和中间的若干根小阴线、小阳线组成。塔形顶的左边虽然看似是多方强势，但之后股价持续整理，说明这次上涨可能是多方的最后一搏。这同时表明多方力量已经衰竭，空方力量逐渐占据主动。之后出现的阴线更加验证了这个信号。因此，塔形顶形态为股价上涨受阻、即将反转下跌的信号。塔形顶形态的看跌信号较强。看到这个形态后，投资者需要尽快将手中的股票卖出。

参考实例：2014 年 7 月初，好想你（002582）的日 K 线图上出现了塔形顶形态。这表明多方力量已经衰竭，空方力量逐渐占据主动，市场将进入以空方主导的下跌行情。因此，投资者看到此形态后，应尽快卖出手中股票。如图 3-20 所示。

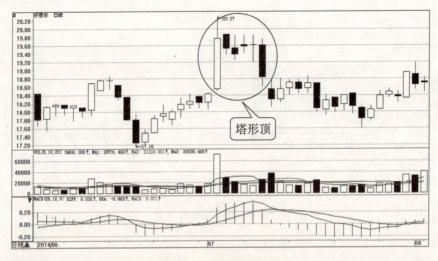

图 3-20 好想你日 K 线

3.1.6 圆底与圆顶

（1）圆底

圆底是指股价下跌一段时间后，下跌的速度逐渐减缓，在低位短暂震荡后又开始上涨。如果将K线的低点用线连接起来，就形成一个向下凹陷的圆底形状，如图3-21所示。

图3-21　圆底示意图

圆底往往出现在下跌行情的末期。在圆底形态中，股价不断创出新低，但下跌速度越来越缓慢，直到成交量出现极度萎缩，股价才停止下跌。然后多方力量开始逐渐入场，成交量温和放大，股价由缓慢上升逐渐转变为加速上升，从而形成股价走势的圆底形态。

参考实例：2014年6月至7月，中国国贸（600007）的日K线图上出现了圆底形态。如图3-22所示。这表明在股价下跌过程中空方力量逐渐衰竭，而多方力量逐渐聚集。随后多方力量强于空方力量，推动股价进入上涨行情。因此，投资者在看到圆底形态形成后，可以买入股票。

图3-22　中国国贸日K线

（2）圆顶

圆顶是指股价上涨的速度逐渐减缓，触碰高点后又开始下跌。如果将K

线的高点用线连接起来，就形成一个向上凸起的圆顶形状，如图 3-23 所示。

图 3-23　圆顶示意图

圆顶形态往往出现在上涨行情末期。圆顶形态表示股价经过一段时间上涨后，虽然上涨趋势仍然持续，但主导上涨的多方力量正逐渐衰竭。股价上涨速度越来越慢，最终处于停滞状态。然而此时空方力量逐渐增强，股价开始进入缓慢的下滑态势，而且下跌速度逐渐变快。当人们发现股价下跌势头形成时，头部就出现一个明显的圆弧状。

参考实例：2014 年 8 月至 11 月，勤上光电（002638）的日 K 线图上出现了圆顶形态。这表明股价经过圆顶形态后，原有的上涨趋势转变为下降趋势，后市进入以空方主导的下跌行情。投资者在看到形成的圆顶形态时，应当卖出股票。如图 3-24 所示。

图 3-24　勤上光电日 K 线

3.1.7　菱形形态

菱形形态是一种比较少见的形态，由于形似"钻石"，因而也被很多市场人士称作钻石形态。根据这种形态形成的过程以及前后不同阶段的形态看，实际上它是由两种不同的三角形形态，即扩散三角形和收敛三角形（这两个三角形会在下节讲到）组合而成的。如图 3-25 所示。

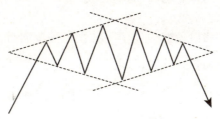

图 3-25　菱形形态示意图

菱形形态一般出现在一段上涨行情后，它是一个扩散三角形后紧跟一个收敛三角形的形态。在菱形形态中，左侧的扩散三角形和右侧的收敛三角形反映了投资者两种不同的心理变化。一开始，投资者炒作心理越来越重，使股价波动幅度加大，股价在加速波动的同时，也代表着市场风险越来越大。当风险积累到一定程度时，虽然没有崩盘，但是有越来越多的投资者转向观望，市场由活跃期转向萎缩，股价波动幅度也越来越小。当股价运行到菱形右侧顶点时，市场交易已经极度萎靡。因为缺乏买盘进入，此时股价多数会选择向下突破。因此，当投资者看到菱形形态时，应及时卖出股票。

参考实例：2014 年 9 月，双星新材（002585）的日 K 线图上出现了菱形形态。经过菱形形态后，投资者炒作热情极度萎靡。随后，空方力量席卷而来，打压股价进入下跌行情。因此，投资者在看到菱形形态时，应趁早卖出股票。如图 3-26 所示。

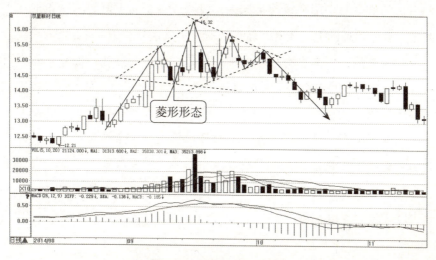

图 3-26　双星新材日 K 线

3.2 持续形态：强更强，弱更弱

持续整理形态是指股价起先处于一方主导的单向行情，但随着股价的变化，另一方力量开始加强，这使得多空双方进入整理状态。而后多空双方对峙状态结束，一方崩溃，一方猛攻，最终得胜一方主导的行情继续上涨或者下跌。

3.2.1 上升三角形

上升三角形是股价在上涨遇到阻力时反复震荡出现的三角形区域，如图3-27所示。

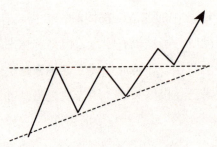

图3-27 上升三角形示意图

上升三角形出现在一段上涨行情后。在反复震荡过程中，股价每次上涨的高点基本处于同一价位上，而每次回落的低点逐渐上移。如果将上边的高点和下边的低点分别用直线连接起来，就构成一个向上倾斜的三角形。当股价突破上升三角形的上边线时，就形成看涨买入信号。

股价突破后，可能会有小幅回抽，但是在原来高点连线位置处就可以止跌回升。这种回抽是对有效突破的确认。

参考实例：2014年6月至7月，小天鹅A（000418）的日K线图上出现了上升三角形形态。这表明多方力量拉升股价进入三角形整理形态后，多方力量仍然较空方力量强势，拉动股价步步上移。随后股价突破空方重要阻力位。之后股价的回抽也验证了三角形上边的支撑力度，得到支撑的股价展开一波上涨行情。如图3-28所示。

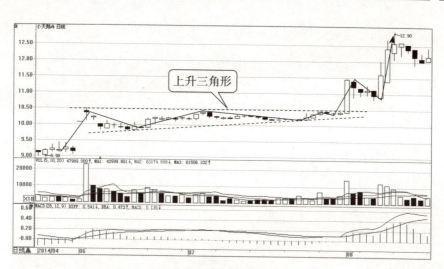

图 3-28 小天鹅 A 日 K 线

3.2.2 下降三角形

下降三角形是股价在下跌遇到支撑时反复震荡出现的三角形区域，如图 3-29 所示。

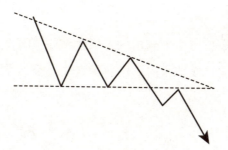

图 3-29 下降三角形示意图

下降三角形出现在一段下跌行情之后。在反复震荡过程中，股价多次下跌都在同一个水平价位获得支撑，而每次反弹的高点却不断变低。如果将每次波动的高点和低点分别用直线连接起来，就形成一个向下倾斜的三角形。当股价跌破下降三角形的下边线时，说明空方开始持续打压股价，是卖出股票的时机。

股价向下突破后，可能会有小幅回抽。但回抽的动能明显不足，在到达前期支撑位之前就会再次被打压。这种回抽是对下降三角形的确认。

参考实例：2014 年 12 月，爱施德（002416）的日 K 线图上出现了下降三角形形态。这表明股价在下跌一段时间后受到多方力量的支撑，随后股价反弹高点受到空方力量的打压，并出现高点逐步下移的走势，最后跌破多方强支撑位。下降三角形形态之后，股价持续下跌。如图3-30所示。

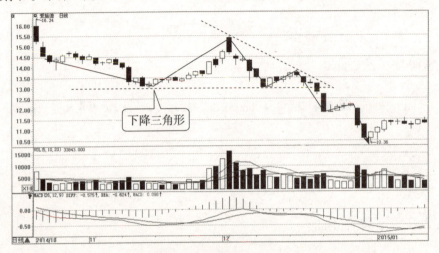

图3-30　爱施德日K线

3.2.3　下降楔形

下降楔形是一个形似向下倾斜的木楔的整理区间。股价在整理中下跌，上方阻力线和下方支撑线均为向下倾斜的直线，但支撑线要比阻力线平缓。如图3-31所示。

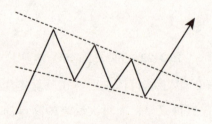

图3-31　下降楔形示意图

下降楔形出现在股价大幅上涨后的震荡回调过程中。这个形态说明，造成股价下跌的抛盘力量只是来自上升行情中的获利回吐，并没有强大的空方力量进场。经过震荡整理后，股价继续上涨的可能性较大。

参考实例：2014年9月至11月，亚太科技（002540）的日K线图上出现了下降楔形形态。这表明股价经过一波上涨后，受到抛盘力量打压，出现整理下跌走势。但在此过程中没有出现新的空方力量，致使其下跌动能不足，所以在多方力量休整结束后，多方重新拉升股价，股价走出一波上涨行情。如图 3-32 所示。

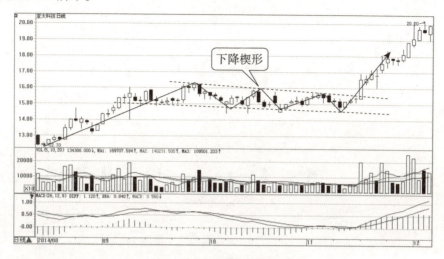

图 3-32　亚太科技日 K 线

3.2.4　上升楔形

上升楔形是一个形似向上倾斜的木楔的整理区间。股价在整理中上涨，上方阻力线和下方支撑线均为向上倾斜的直线，但阻力线要比支撑线平缓。如图 3-33 所示。

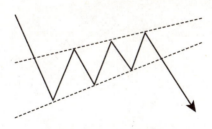

图 3-33　上升楔形示意图

上升楔形出现在一段大幅下跌后的震荡反弹过程中。上升楔形只是多方在遭到持续打压后的一次无力挣扎，属于长期下跌过程中的短暂反弹行情，股价总的运行趋势不会因楔形改变，仍会以原有趋势运行。

参考实例：2014 年 9 月至 10 月，益佰制药（600594）的日 K 线图上出现了上升楔形形态。这表明股价在空方的打压下一路下跌，在股价下跌一段时间后，多方力量奋起挣扎，推动股价缓慢上升，形成一个楔形区间。而当股价上升到一定幅度时，空方力量再次来袭，打压股价进入新一轮的下跌行情。因此，当投资者看到上升楔形时，应及时卖出股票。如图3-34所示。

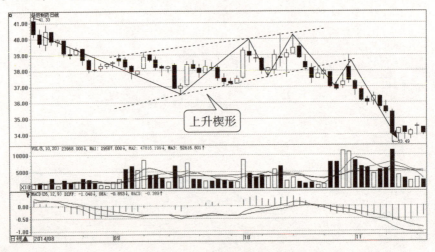

图3-34　益佰制药日K线

3.2.5　上升旗形

上升旗形是股价在上涨的中途，在一个旗面形区域内波动的形态。如果投资者将区域内波动的高点和低点分别用直线连接起来，可以发现这两根直线均向下倾斜且基本平行。如图3-35所示。

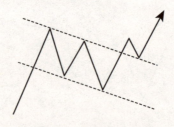

图3-35　上升旗形示意图

上升旗形往往出现在股价经过一段时间上涨，遇到阻力回调的时候。上升旗形是主力在洗盘时常用的形态。在股价上涨一段时间后，会积累大量获利筹码。为了继续拉升股价时不遇到太大阻力，主力会制造这样一个类似下降通道的旗形，使投资者看空后市。当投资者纷纷看空、卖出股票后，主力会将股价继续向上拉升。由于上方阻力已经被充分消化，因此当庄家再次拉升时,股价的涨幅可能会很大。

参考实例:2014年9月至10月,焦点科技(002315)的日K线图上出现了上升旗形的形态。这表明在旗形形态中,多方拉升股价时遇到较大的抛盘压力,此时多方配合抛盘力量打压股价,而当抛盘力量减弱时,多方又开始拉升股价进入新一轮的上涨走势。上升旗形也可以看成是多方的洗盘动作,投资者往往因为不知其所以然而与大涨失之交臂。因此,当投资者看到上升旗形时,可在高位卖出部分股票;当股价突破上升旗形时,再将卖出股票买回。如图3-36所示。

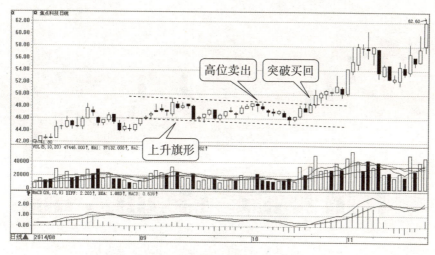

图3-36 焦点科技日K线

3.2.6 下降旗形

下降旗形是指股价在下跌的中途,在一个旗面形区域内波动的形态。如果投资者将区域内波动的高点和低点分别用直线连接起来,可以发现这两根直线基本平行且均向上倾斜。如图3-37所示。

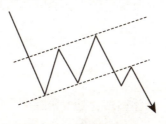

图3-37 下降旗形示意图

下降旗形出现在股价经过一段时间下跌，获得支撑反弹的时候。下降旗形是主力在出货时常用的形态。当主力连续打压股价一段时间后，发现下方承接盘不多，但是为了顺利出货，就会制造这样一个类似上升通道的旗形。当投资者受到诱惑纷纷买入股票时，庄家就可以达到顺利出货的目的。

参考实例：2014年11月至12月初，克明面业（002661）的日K线图上出现下降旗形形态。这表明主力为了出货做出该形态，以此吸引散户投资者买入股票，而主力则借机出货。这同时也表明在下降旗形形态后，股价仍然沿下跌趋势运行。因此，投资者应借机在旗形形态高点价位卖出股票。如图3-38所示。

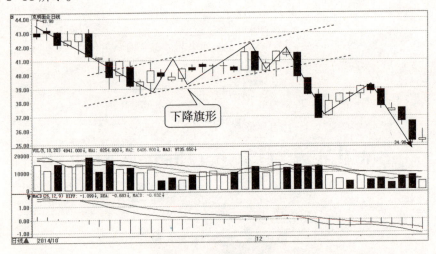

图3-38　克明面业日K线

3.3　整理形态：多空对峙，方向待定

整理形态，是指多空双方处于对峙状态时，双方都采用你进我退、你退我进的战略。具体表现为股价呈现出横盘震荡格局，直至一方突破，整理结束。

3.3.1　矩形

矩形又称矩形整理、箱体整理，是股价在一个矩形区间内横盘整理的形态，如图3-39所示。

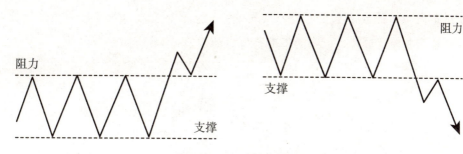

图 3-39 矩形整理示意图

矩形整理可能出现在各种行情中。在一段时间的横盘整理行情中，如果分别将股价最高点和最低点连接起来，即可画出两条水平的直线。矩形整理表示一段上有阻力、下有支撑的行情。当股价上升到上方阻力位时就往下回落，而回落到下方支撑位时就往上反弹。这预示着多空双方僵持，直到一方力量耗尽，股价就会选择向上或向下突破。

参考实例1：2014年3月至5月，天银机电（300342）的日K线图上出现了矩形整理形态。这表明经过前期一波下跌后，空方力量渐渐衰竭，多方力量渐渐聚集。最终，多空双方力量均衡，呈现出震荡局势。5月26日，股价向上突破矩形整理区间，股价进入多方主导的上涨行情，此时投资者可以买入股票。如图3-40所示。

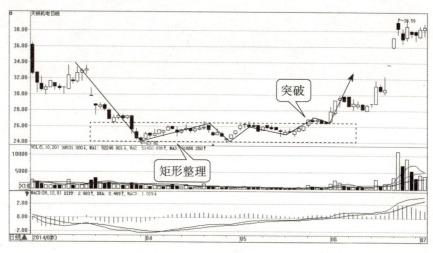

图 3-40 天银机电日K线

参考实例2：2014年7月至11月，通源石油（300164）的日K线图上出现了矩形整理形态。这表明经过一波下跌后，空方力量逐渐衰竭，多方力量逐渐聚集，随后多空双方进入激烈争夺，但最终空方力量略胜一筹，股价跌破矩形整理，股价进入新的下跌行情。如图3-41所示。

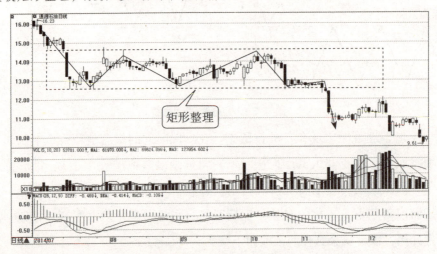

图3-41　通源石油日K线

3.3.2　扩散三角形

扩散三角形是指如同向右张开的喇叭口形状，上下两边呈现一定角度向外扩张，当股价跌破三角形下边线时，扩散三角形形态形成，如同3-42所示。

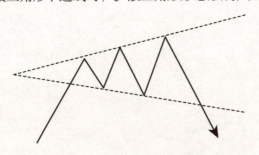

图3-42　扩散三角形示意图

扩散三角形表示市场投机氛围浓厚。当股价上升时，投资者疯狂追涨，造成高点越来越高；一旦股价有下跌迹象，投资者就盲目杀跌，使低点越来越低。最终股价的波动幅度越来越大。

参考实例：2014年11月至12月，森马服饰（002563）的日K线图上出现了扩散三角形形态。这表明股价经过短暂上涨后，即进入疯狂时刻。随着时间的推移，股价涨幅渐渐不尽如人意，投资者纷纷卖出股票，股价下跌跌破形态。此后，股价进入下跌行情。如图 3-43 所示。

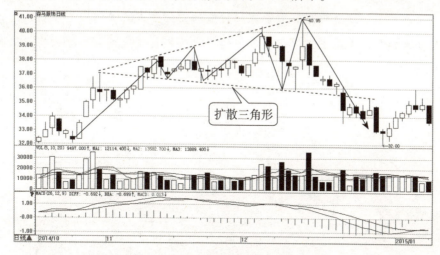

图 3-43　森马服饰日 K 线

3.3.3　收敛三角形

收敛三角形是与扩散三角形完全相反的形态。收敛三角形的上边线向下倾斜，下边线向上倾斜，形成敞口不断收敛的三角形形态。如图 3-44 所示。

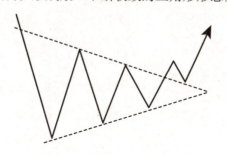

图 3-44　收敛三角形示意图

收敛三角形可能出现在下跌行情中。股价在反复波动过程中，每次波动的高点逐渐降低，而低点逐渐升高。如果将这些高点和低点分别用直线连接起来，就形成一个收敛三角形形状。

收敛三角形表示多空双方进入僵持阶段。在僵持过程中，成交量会持续萎缩，这说明多空双方力量均消耗严重。此时只要一方能有新力量进入，股价就将突破三角形边线，进入持续的上涨或下跌行情。当股价接近三角形顶点时，如果多空双方力量都没有增强，则股价缩量下跌的可能性较大。

参考实例：2014年10月，中化国际（600500）的日K线图上出现了收敛三角形形态。这表明空方力量在股价底部受到多方力量的强烈抵抗，空方力量逐渐减弱，最后多方突破收敛三角形上边线，股价进入上涨行情。如图3-45所示。

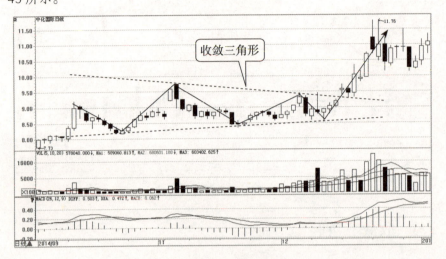

图3-45　中化国际日K线

第4章
均线快速入门：涨跌趋势提前知晓

移动平均线简称"均线"，是将一段时间内股票的平均价格连成曲线，用以显示股价趋势的一种技术指标。这里的一段时间，可以由投资者自行设置。一般情况下，较为常用的均线指标周期为5日、10日、30日、60日等。投资者还可以按照自己的习惯进行设定，例如，13日、21日等。均线的表现形式如图4-1所示。

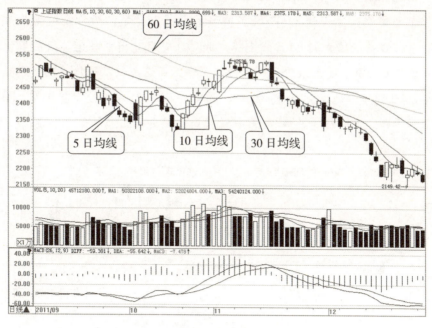

图4-1 均线

4.1 股价和移动平均线：单条均线判断趋势

投资者可以通过观察股价是在均线的上方还是下方来判断趋势方向。例如，当股价处于短期均线之上时，就说明当前股价的短期趋势是向上的；当股价处于长期均线之上时,就说明当前股价的长期趋势是向上的。反之亦然。由此,投资者可以从以下几个方面去看待股价和均线的关系。

4.1.1 均线对股价的支撑和阻碍

股价在涨跌震荡过程中,可能会遇到均线较强的阻碍或支撑。当这种形态出现时,就可以为投资者的操作提供一定的参考依据。

(1)均线对股价的支撑买点

股价在上升趋势中,可能会出现回调,而均线往往能对股价的回调起到支撑作用。在股价连续两次回调到60日均线附近时受到的支撑,一般称为60日线对该股股价有强支撑。一般而言,股价跌至60日线附近时,会伴有成交量明显萎缩的现象。而当股价再度上涨时,则会伴有成交量放大的现象。

参考实例:卫士通(002268)的日K线图上显示,股价突破均线后出现回调,回调价位受到60日线支撑,此时,成交量出现萎缩。随后股价再次放量展开上涨。随后股价又一次出现回调,而这一次,股价连续三个交易日在60日均线附近受到支撑。此时,通常讲60日线对该股有强支撑。2015年1月7日,当股价再次跌至60日均线时,投资者可以大胆买入股票。如图4-2所示。

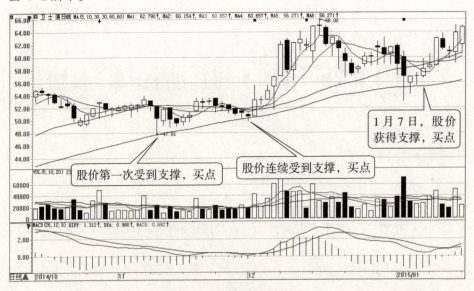

图4-2 卫士通日K线

（2）均线对股价的阻力卖点

股价在下跌趋势中，也会出现反弹，而均线往往对股价的反弹起到阻碍作用。股价连续两次在60日均线附近受到的阻力，一般称为60日线对该股股价有强阻力。一般而言，当股价涨至60日线附近时，会伴有成交量放大的现象。而当股价再度下跌时，往往不需要成交量的配合。

参考实例：四创电子（600990）的日K线图上显示，股价跌破均线连续大幅走低后出现反弹，而当股价涨至60日线时，受到60日线的强阻力。随后股价在均线下方展开震荡走势，意图积累更多的上攻力量。2014年4月24日，股价再次在60日均线处受到阻力。此时，通常讲60日线对该股有强阻力。随后股价进入加速下跌行情。投资者应当在股价第二次受到60日线强阻力时卖出股票。如图4-3所示。

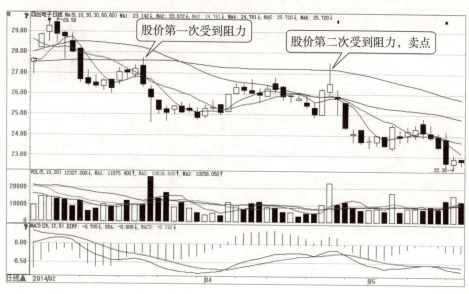

图4-3 四创电子日K线

同理，在5日线、10日线、30日线中，股价同样受到均线的支撑和阻力，只是其支撑和阻力强度不同罢了。在日均线中，长期均线的支撑和阻力要较短期均线的支撑和阻力稍强一些。

4.1.2 股价突破平均线

当股价突破平均线时，股价即站在了均线上方。这说明当前的股价已经超过了过去一段时间内的平均交易价格，股价是向上的趋势，后市将进入上涨行情。此时，投资者可以买入股票。股价突破短期均线则预示着股价的短期上涨，突破长期均线则预示着股价的长期上涨。股价突破均线后，即进入缓缓上涨行情。投资者可依据均线的时间进行合理的买入持股操作。

股价突破均线后并不一定总能保持向上的态势，有时股价会回抽均线，甚至可能跌破均线，随后几日再次站上均线，股价上涨。这时跌破均线说明有主力在趁机洗盘，诱使投资者看空卖出股票。

参考实例：太极股份（002368）的日K线图上显示，2014年5月中下旬股价依次突破5日、10日、30日和60日均线，股价展开一波上涨行情。但随后股价进行回调盘整，与5日、10日均线纠缠在一起。此时投资者可以发现，在股价盘整的同时，其成交量明显萎缩。这说明并没有太多资金杀跌卖出，股价跌破均线可能是主力洗盘的手法。如图4-4所示。

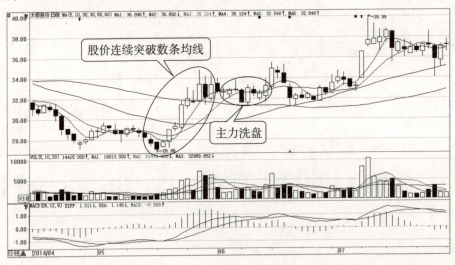

图4-4　太极股份日K线

当股价突破平均线后，也可能会有一定幅度的下跌，跌破多条短期均线，但回抽到长期均线位置时如果能获得长期均线的支撑，股价将再次上涨。

参考实例：光迅科技（002281）的日K线图上显示，股价突破60日均线后出现的回调获得60日均线的支撑，随后再次进入上涨行情。这表明当股价突破均线后，投资者在均线处做多的热情高涨，还未等股价跌至均线处，就又被投资者拉升。因此，投资者再买入股票时，应在高于均线价位处设置买单。如图 4-5 所示。

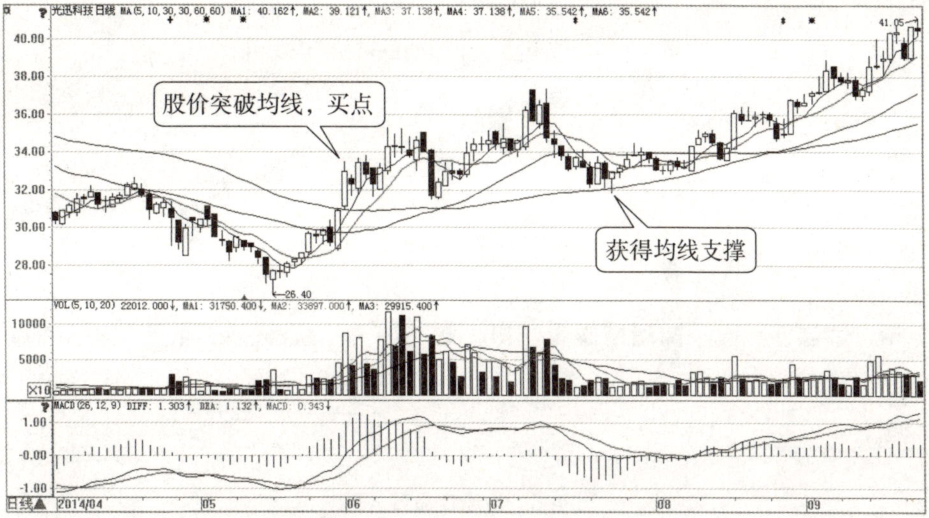

图 4-5 光迅科技日 K 线

4.1.3 股价跌破平均线

当股价跌破平均线时，股价即收在均线下方。这说明当前的股价已经低于了过去一段时间内的平均交易价格，股价是向下的趋势，后市将进入下跌行情。此时，投资者应卖出股票。股价跌破短期均线预示着股价的短期下跌，跌破长期均线则预示着股价的长期下跌。

当股价回抽遇到阻力时，该股的第二个卖出时机出现。也有特别情况，在股价回抽均线时，往往短暂地突破均线，随后几日再次跌到均线下方，股价下跌。这可能是有庄家在进行诱多操作。

参考实例：洽洽食品（002557）的日 K 线图显示，2014 年 11 月 28 日，股价向下依次跌破 5 日均线和 10 日均线，股价站在均线下方。这表明股价后市将进入下跌行情。同时这预示着前期买入股票的投资者已经亏损，亏损的投资者为了保证利润，纷纷卖出股票，进一步导致股价下跌，成交量放大。12 月 5 日和 9 日，股价跌破 30 日均线和 60 日均线，股价进一步看跌，中线投资者应及时卖出股票。如图 4-6 所示。

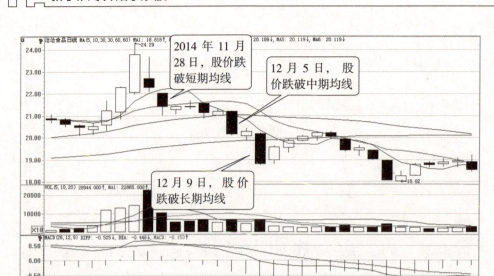

图 4-6　洽洽食品日 K 线

当股价跌破平均线后，可能会有小幅回调，但回调到均线位置往往会受到均线的阻力再次下跌。

参考实例：信邦制药（002390）的日 K 线图上显示，2014 年 11 月 7 日，信邦制药的股价跌破 60 日均线，这表示股价进入下跌行情。11 月 20 日，股价反弹回抽时再次遭遇 60 日均线的压制，此时没有卖出股票的投资者应将剩余部分卖出。如图 4-7 所示。

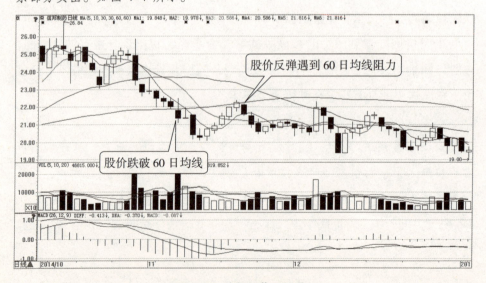

图 4-7　信邦制药日 K 线

4.1.4 股价依托平均线

股价依托平均线往往出现在极强势或极弱势行情中，多指其股价紧贴着 5 日线或 10 日线持续上涨或下跌。

当股价依托平均线上涨时，在其每次接近 5 日线或 10 日线时，都是一次很好的买入时机。投资者买入股票之后，往往会有一波上涨。但当股价出现横向整理时，投资者要卖出部分股票，谨防风险。

参考实例：安居宝（300155）的日 K 线图上出现了股价依托 5 日均线上涨的走势。在该走势中，投资者可以看到，股价上涨速度很快。而且往往是短时间的爆发行情，比较适合短线投资者。所以，投资者买入要趁早。如图 4-8 所示。

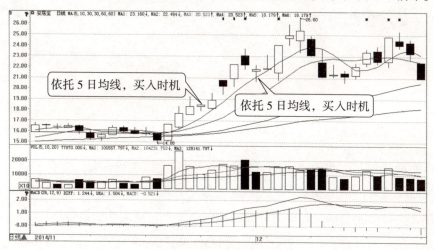

图 4-8　安居宝日 K 线

当股价涨到了高价位，投资者就不要再抱有幻想了，应及时卖出股票。在这种涨势很凌厉的行情之后，股价的跌幅也往往是巨大的。因此，股价一旦停滞不涨，投资者应尽快卖出股票。谨防下跌带来损失。

在下跌过程中，股价运行则恰恰相反。股价在 5 日线或 10 日线的压制下，向下运行，每次股价接近 5 日线时，都是一次很好的卖出时机。一旦股价出现横向整理，投资者应谨慎持有股票。若股价出现突破均线走势，则持股；否则，投资者应卖出股票。

参考实例：生意宝（002095）的日 K 线图上出现了股价在 5 日均线的压制下下跌的走势。这表明该股走势很弱，毫无反弹之力，投资者看空后市行情，纷纷卖出股票，导致股价跌跌不休。如图4-9所示。

当出现股价突破5日均线时，投资者可谨慎持股，一波小反弹即将来临，投资者可耐心等待机会。

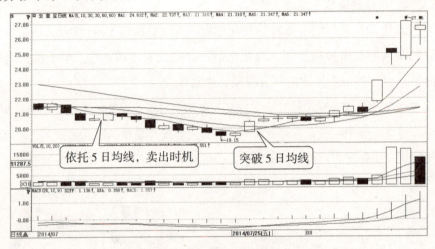

图4-9　生意宝日K线

4.1.5　股价与均线的乖离率

乖离率是指股价偏离平均线的程度。一般乖离率较大时，股价会慢慢向均线回归。其回归主要有两种方式。一是通过时间转移法，即股价呈现横向盘整，均线逐渐上移，股价与均线的乖离率缩小，从而达到股价与均线回归；二是通过空间转移法，即股价下跌或上涨，均线逐渐上移，股价与均线的乖离率缩小，从而达到股价与均线回归。以上两点，无论哪一种，都反映了均线对股价有较强的束缚力，股价终将向均线回归。

在股价短线上涨较大时，其乖离率也较大，此时往往会出现股价下跌向均线回归的走势。这表明股价短期涨幅较大，获利丰厚的投资者纷纷卖出股票，从而导致股价下跌。而股价下跌至均线时会受到均线的支撑，随后股价将围绕均线上下震荡。

参考实例：江铃汽车（000550）的日K线图上出现了乖离率偏大的走势。这表明股价短线涨幅较大，获利的投资者纷纷卖出股票套现，从而导致股价下跌出现向均线回归的走势。而此时均线支撑力度偏弱，随后股价进入短中期的震荡行情。如图4-10所示。

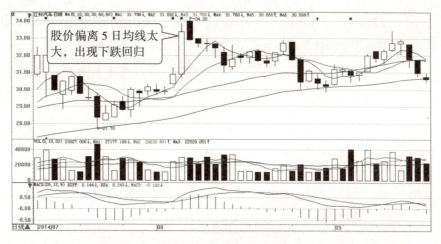

图 4-10　江铃汽车日 K 线

股价处于下跌趋势中时，股价会急跌或暴跌从而远离 60 日均线，使得 60 日均线负乖离率过大。乖离率是测量股价偏离均线大小程度的指标，当股价偏离市场平均成本太大时，会有一个回归的过程，正所谓"物极必反"。

参考实例：光迅科技（002281）的日 K 线图上出现了 60 日均线的负乖离率，但随后一段时间内，股价多次回归均线。这表明在股价下跌过程中，股价跌幅较大，就会向 60 日均线回归。当受到 60 日均线的强阻力后，股价再次进入下跌。如此往复，直至股价突破 60 日均线，股价才能进入上涨行情。因此，在下跌过程中，短线投资者可根据负乖离率偏大时做买入操作，但要及时设好止损，因为股票弱势，随时有下跌的可能。如图 4-11 所示。

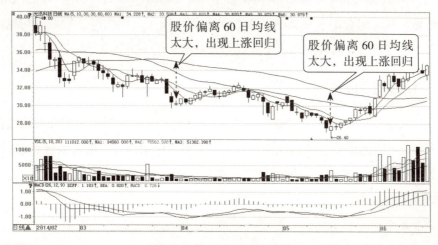

图 4-11　光迅科技日 K 线

还有一种通过时间转移法来缩小乖离率。这时，股价出现横向盘整，均线向上移动，当均线跟股价处于同一水平价位时，多方会来拉升股价，导致股价上涨。

参考实例：森源电气（002358）的日K线图上出现了股价横向调整缩小乖离率的走势。这表明多方拉升股价至高位，不想因为抛盘压力将更多廉价筹码让给投资者，因此采用股价横向盘整的方式将抛盘压力消化。当抛盘压力消失后，股价受到10日线支撑，多方继续拉升股价上涨。如图4-12所示。

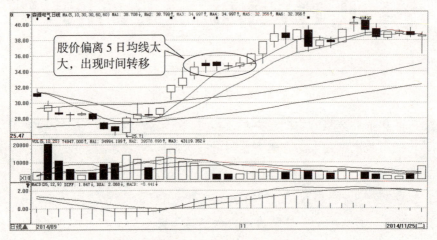

图4-12 森源电气日K线

4.2 移动平均线组合形态：反复纠缠的多条均线

移动平均线组合形态是指不同周期均线之间所形成的可以左右股价趋势的状态。具体组合形态主要有均线金叉、均线死叉、均线向上发散、均线向下发散、均线黏合盘整形态。下面我们来具体介绍一下。

4.2.1 均线金叉

均线金叉，顾名思义是指在股票K线图上，由于短期均线和长期均线都呈现向上上移的走势，使得股价短期均线上穿长期均线所形成的组合形态。

均线金叉说明多方力量增强，已有效突破空方的阻力线，后市上涨的可能性很大。

参考实例：千山药机（300216）的日K线图上出现了均线金叉形态。这表明股价触底后，开始强劲反弹。5日均线与10日均线形成金叉，说明多方重新占据主导地位，后市涨势可期，投资者可积极买入。但下跌趋势中的反弹形成的金叉应谨慎对待，不可抱太大期望。股价展开反弹后，于60日均线获得强阻力，随后进入回调走势。如图4-13所示。

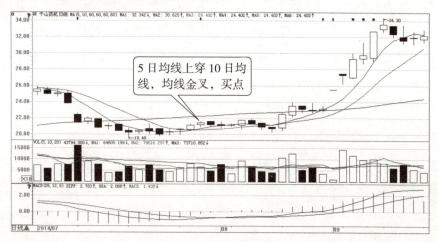

图4-13　千山药机日K线

二次金叉往往出现在上涨行情中期，是指在上涨行情中，股价回调时出现的第二个金叉。二次金叉是很稳健的进场信号。

参考实例：中航电测（300114）的日K线图上出现了均线二次金叉的走势。这表明起初股价受多方力量强力拉升后，股价加速上涨至高位。随后的抛盘压力虽使该股有所下跌，但多方力量并没有出逃。此时，投资者可以跟风买入股票。如图4-14所示。

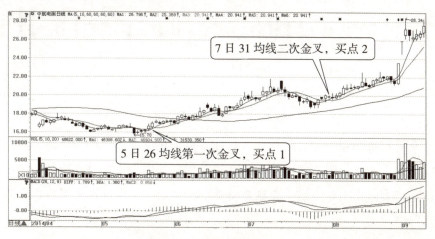

图4-14　中航电测日K线

4.2.2 均线死叉

均线死叉，顾名思义是指在股票 K 线图上，由于短期均线和长期均线都呈现下跌的走势，使得股价短期均线下穿长期均线所形成的组合形态。

均线死叉说明空方力量增强，已经有效击破多方的支撑线，后市下跌的可能性很大。若其长期均线也死叉，那么这次死叉则预示着股价的顶部区域已经形成，后市在短时间内难以突破该高点。

参考实例：杰瑞股份（002353）的日 K 线图上出现了短期死叉和长期死叉的走势。这说明该股中长期走势已经走坏，投资者应该离场休息。一开始，5 日均线下穿 10 日均线，股价短期趋势向下。但其后的两次反弹都受到 60 日线的压制，这表明空方力量增强。随后出现 30 日线下穿 60 日均线的走势，这一次确立了股价进入下跌走势，投资者此时不要再抱有侥幸心理，应尽快离场。如图 4-15 所示。

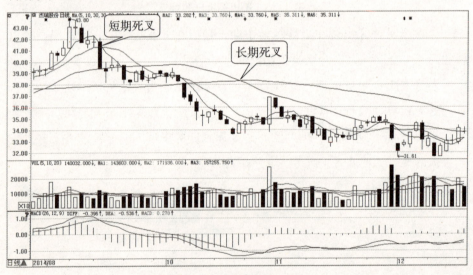

图 4-15 杰瑞股份日 K 线

在股价上涨过程中，均线死叉仅限于短期均线。而长期均线的上涨趋势若没有发生变化，则该短期均线的死叉就仅仅是股价上涨过程中的一个回调阶段。待多方主力认为散户市场多空充分换手后，会再次拉升股价进入新的上涨行情。

参考实例：力生制药（002393）的日 K 线图上出现了长期均线趋势未变，

短期均线死叉的走势。5日均线与10日均线形成死叉,说明短期下跌趋势形成,短线投资者可以选择离场。对于中长线投资者而言则不必惊慌,后市操作决策要根据长期均线趋势来判断。而长期均线趋势并未发生变化,因此投资者可以放心持股。如图4-16所示。

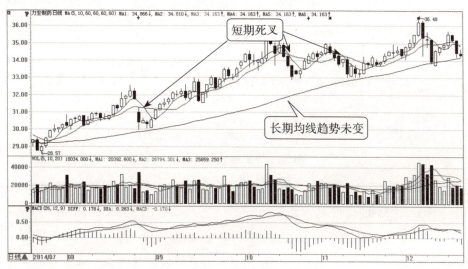

图4-16 力生制药日K线

4.2.3 均线向上发散

均线向上发散是指一开始股价出现盘整,5日均线、10日均线和30日均线纠缠在一起,当股价突破盘整区时,5日、10日、30日均线依次向上发散,这说明股价上涨在即。

均线向上发散形态一旦完成,就表示市场处于上涨行情中。投资者不断以更高的价格买入股票,而股票价格也不断被推高。这种推动股价上涨的多方力量一旦凝聚起来,往往能够持续很长时间,未来股价将会有一波大幅上涨。

参考实例:跃岭股份(002725)的日K线图上出现了均线黏合之后向上发散的走势。这说明市场进入多方强势的上涨行情,未来股价将在多方的推动下持续上涨。随后股价被多方力量强势上拉,股价在短时间内大幅上涨。如图4-17所示。

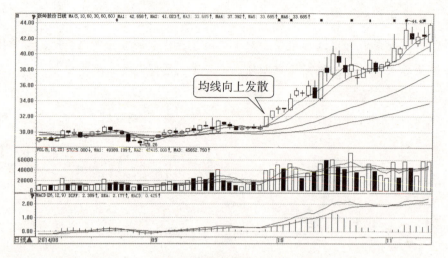

图 4-17　跃岭股份日 K 线

股价调整结束后，5 日、10 日、30 日均线再次呈多头排列时，这时又是投资者买入股票的良机。

参考实例：黄海机械（002680）的日 K 线图上首先出现了短期均线向上发散的走势，这说明在股价见底后，多方力量短期聚集明显，推动股价进行了一波短暂的反弹行情，随后再次进入了短线调整。在这次调整中，积累了中长期的多方力量，中长期均线呈现出向上发散的走势。此时，投资者可以大胆买入股票。股价将进入一波大幅上涨。如图 4-18 所示。

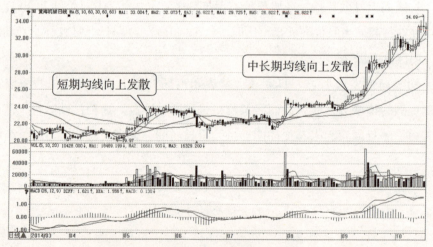

图 4-18　黄海机械日 K 线

4.2.4 均线向下发散

均线向下发散是指股价高位调整后，在空方力量的作用下，股价呈现出下跌的走势。具体表现为5日、10日、30日均线依次向下发散，说明股价进入下跌行情。

均线向下发散形态一旦完成，就表示市场处于下跌行情中。投资者不断卖出股票，而股票价格也不断下跌，创出新低。这种打压股价下跌的空方力量一旦凝聚起来，往往能够持续很长时间，未来股价将要有一波大幅下跌走势。

参考实例1：美的集团（000333）的日K线图上出现了均线向下发散下跌的走势。这说明在股价在高位调整后遇到强大的空方力量，之后股价在空方力量的打压下呈现出下跌走势，5日均线下穿10日均线、10日均线下穿30日均线的走势更加预示着股价进入中期下跌行情。因此，当投资者看到均线向下发散时，应及时卖出股票。如图4-19所示。

图4-19　美的集团日K线

参考实例2：云意电气（300304）的日K线图上出现了均线向下发散的走势，在下跌过程中，股价也有所反弹，但都受到30日均线的阻力：股价反弹至30日均线时，便无法突破，最终只能选择继续向下。因此，每一次接近30日线时，都是短线投资者逢高出局的时机。如图4-20所示。

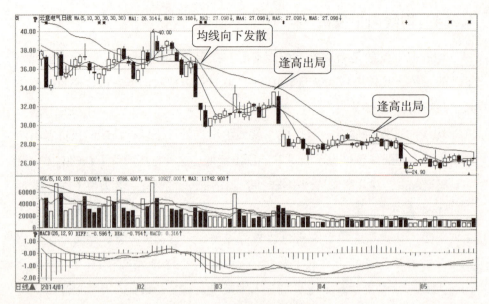

图 4-20 云意电气日 K 线

4.2.5 均线黏合盘整

均线黏合盘整可能出现在上涨行情初始阶段,也可能出现在下跌行情的初始阶段,多用以形容多空双方力量近乎平衡,股价在某个价位区间或范围内震荡调整,具体表现为均线呈现出胶着黏合状态。

当均线黏合盘整出现在上涨行情初始阶段时,若股价呈现出平盘震荡,则说明空方压力很大,多方力量在慢慢聚集,股价还要经过一段长时间的调整。若此时股价呈现出低点逐步上移的走势,则说明多方力量逐渐增强,空方力量节节败退,股价将要进入多方主导的行情。

参考实例:金浦钛业(000545)的日 K 线图上出现了均线黏合盘整的走势,在该走势中,均线黏合不仅呈现出低点逐步上移的走势,还突破了中期均线 60 日均线。这说明多方力量逐渐增强,空方力量逐渐衰减。股价即将进入加速上涨行情,投资者可在股价突破 60 日均线后买入股票。如图 4-21 所示。

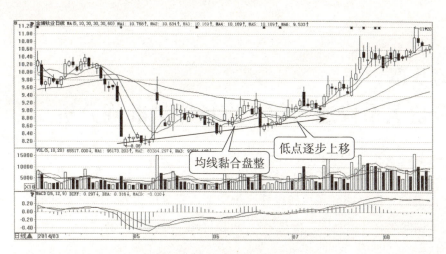

图 4-21　金浦钛业日 K 线

当均线黏合盘整出现在下跌行情初始阶段时，若股价呈现出平盘震荡，则说明多方力量还很强大，空方力量不足以使股价大幅下跌。此时若股价涨幅较大，投资者可卖出股票。否则，则谨慎持股。若股价呈现出低点逐步下移的走势，则说明空方力量逐渐增强，多方力量节节败退，股价将要进入空方主导的下跌行情，投资者应及时卖出股票。

参考实例：赛为智能（300044）的日 K 线图上出现了均线黏合盘整向下的走势。这说明空方力量逐渐强于多方力量，均线低点逐步下移，空方继续打压股价下跌。因此，投资者在看到均线黏合盘整向下的走势时，一定要及时卖出股票。如图 4-22 所示。

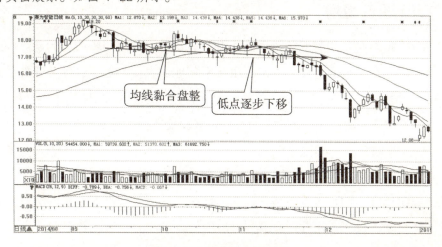

图 4-22　赛为智能日 K 线

第5章
量价关系快速入门：市场能量准确分析

成交量与股价的关系，就像汽车和油门的关系。油门的大小，决定了汽车前进的力度、速度和可持续性。相应地，成交量代表了股价变动的内在动力，因此会有"量是因，价是果""量在价先"等股市谚语。

5.1 不同量价关系：从成交量看趋势强弱

对于股票分析来说，投资者如果单独看成交量，那么其本身的放大与缩小，对趋势方向并没有太多的预示含义。对成交量的分析，必须和价格分析结合起来，也就是我们常说的"量价关系"。

一般来说，股价上涨、成交量同步放大，股价下跌、成交量同步缩减，就称为"价量同向"，或者是"价量配合"。股价上涨、成交量同步出现缩减，股价下跌、成交量反而出现放大，就称为"价量背离"。各种不同的价量关系，对于后市趋势有着不同的预示意义，这是投资者需要注意的。

5.1.1 价升量增

价升量增是指随着股价的不断上升，成交量也出现同步放大的走势。这就好比汽车在爬坡的过程中，油门也在不断地加大。一般称这种量价关系为"价升量增"，也称价量齐升，是最理想的价量关系，表明随着股价的上升，上升动力也在不断增强，预示着股价仍将继续走高。

（1）股价见底后的价升量增

当股价经过大幅度下跌之后，出现短期的"价升量增"走势，这表明股价短期见底，随着多方力量开始介入市场，后市有望进入一轮强劲的上涨行情。因此，投资者在看到底部回升后的价升量增时，应注意把握抄底买入时机。

参考实例：美尔雅（600107）经过前期一波深幅下跌后，其日K线图上显示股价上涨，成交量稳步放大。这是"价升量增"的走势，同时也表明股价很可能马上进入一波大的上涨行情。在股价回调没有跌破底部后，说明"价升量增"见底的准确性，底部已然形成，股价即将进入上涨行情。因此，投资者可以在股价见底出现价升量增之后，先买入部分股票。若股价的底部支撑得到确认，则可加仓买入股票，否则应及时止损。如图5-1所示。

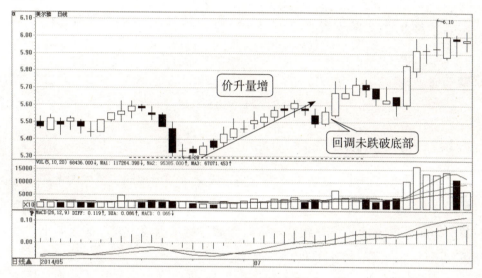

图 5-1　美尔雅日K线

（2）股价上涨过程中的价升量增

当股价在上涨过程中连续出现三个交易日股价依次上涨、成交量逐步增加的形态时，就可以称为出现"价升量增"走势。这表明股票的中长期上涨趋势仍在，若出现回调，应是投资者买入股票的最好时机。

参考实例：新日恒力（600165）经过一波上涨后，其日K线图上显示股价在上升过程中，成交量不断放大。这表明股价进入中长期上涨趋势，股价上涨非常强劲，上升行情仍会继续。投资者可以逢回调时买入股票。如图5-2所示。

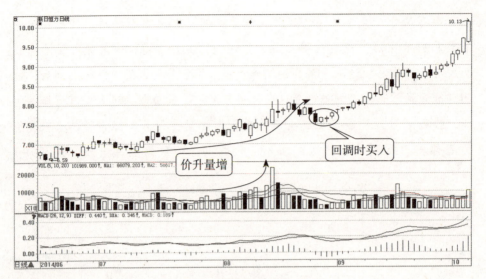

图 5-2　新日恒力日 K 线

5.1.2　价升量减

价升量减是指随着股价的不断升高，成交量却出现同步减少的走势，这是"背离"指标中的主要表现形式。这如同汽车在爬坡过程中，油门在逐渐减小，那么汽车依靠惯性爬坡一段时间后，将逐渐停下来，甚至向下"滑坡"。价升量减预示着股价即将见顶下跌。

（1）股价短期出现价升量减

股价在上涨过程中有时会出现价升量减的走势，这表明股价短期可能见顶，后市将进入下跌行情。因此投资者应密切关注，一旦股价进入下跌行情，投资者应尽快卖出股票。

参考实例：洛阳钼业（603993）经过一波上涨后，短期内出现了价升量减的背离走势。这表明股价短期见顶，投资者应及时卖出股票。随后出现的高位见顶信号更加确立了短期顶部，短线投资者应及时卖出股票。长线投资者则可谨慎持有。如图 5-3 所示。

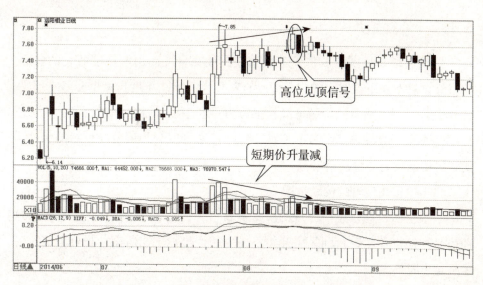

图 5-3 洛阳钼业日 K 线

（2）股价中长期出现价升量减

当股价长时间内出现价升量减走势时，往往是股价在构筑中长期顶部。这时，投资者要高度警惕，一旦出现顶部反转信号，投资者应及时卖出股票。

参考实例：广州浪奇（000523）于 2013 年 12 月至 2014 年 4 月的时间内出现中长期价升量减的走势。这预示着股价中长期顶部的形成，当出现顶部反转信号时，投资者应及时卖出股票。如图 5-4 所示。

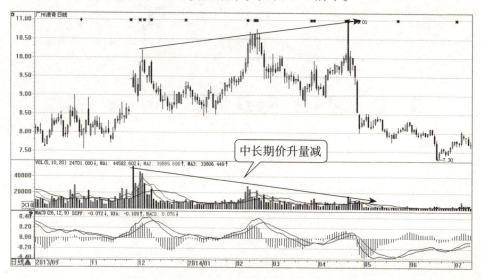

图 5-4 广州浪奇日 K 线

5.1.3 价跌量增

价跌量增是指随着股价的不断下跌，成交量反而出现持续放大的情形。这就好比汽车在下坡时，油门反而一直在加大，下跌速度自然也会越来越快。这种走势反映出随着股价的下跌，买方力量在不断增加的同时，卖方力量增加幅度更大，股价仍然会节节下跌。价跌量增可以分为股价高位时的价跌量增和股价低位时的价跌量增。

（1）股价高位时的价跌量增

当股价涨至高价位所出现的价跌量增走势，是非常强烈的看跌信号。这种信号往往也预示着获利筹码开始不惜一切代价地卖出股票，投资者应及时逢高卖出股票。

参考实例：长江润发（002435）经过一段大幅上涨后，在高价位出现价跌量增的走势。这预示着获利筹码不断兑现，股价越跌卖出的人就越多。后市将进入长期下跌行情，因此，在高价位区域出现价跌量增时，投资者应尽快逢高卖出股票。如图5-5所示。

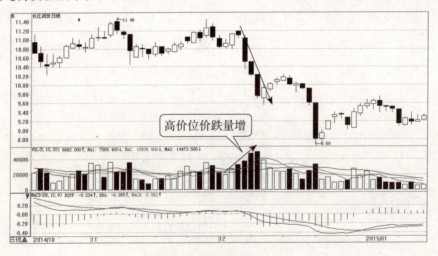

图5-5 长江润发日K线

（2）股价低价位时的价跌量增

在股价大幅下跌之后，出现价跌量增的走势，说明虽然此时空方势力仍然强大，但是已经有资金开始在下跌过程中介入，多方力量已经开始聚集。此时的价跌量增，可能是空方力量最后的释放，这是股价见底的信号之一。

对此投资者应当予以关注,若后市股价出现明显的反转信号,则投资者可择机买入。

参考实例:*ST精功(002006)经过一段大幅下跌后,在底部出现了价跌量增的走势。这表明股价越来越低,有投资者在不断逢低买入股票,使成交量放大,后市很可能进入一波上涨行情。之后出现的看涨吞没形态也表明行情见底,股价即将发生反转。此时,投资者可以买入股票。如图5-6所示。

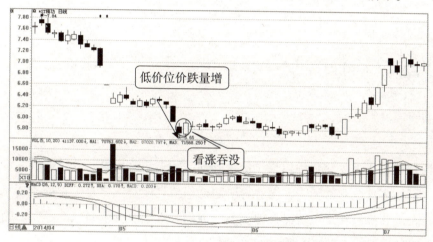

图5-6 *ST精功日K线

5.1.4 价跌量减

价跌量减是指随着股价的不断下跌,成交量也在不断缩减,一般称"价量齐跌",是另外一种"价量同向"的表现形式。这种走势特征表示随着股价的不断下跌,筹码的锁定性越来越高。其对后市的预示意义,需要根据股价所处的不同趋势来判断。

在一波上涨趋势中,如果股价在达到一个阶段性高点后开始下跌,同时成交量也在不断缩减,那么往往预示着这是一次正常的回调,调整结束后,股价仍将继续上涨。这种上涨中的回调,为踏空投资者提供了很好的买入时机。

看到这种上涨趋势中的价量齐跌时,出于安全考虑,投资者应该等待股价真正调整到位并已经开始回升时,再开始介入。

参考实例:铁龙物流(600125)经过一段时间的连续上涨后,出现了短暂的回调。在回调走势中出现的价量齐跌局面,进一步表明这是上涨中的短暂调整。之后，股价还会上涨。紧接着出现的价量齐升，表明股价即将再次进入上涨行情，此时，投资者可以买入股票了。如图5-7所示。

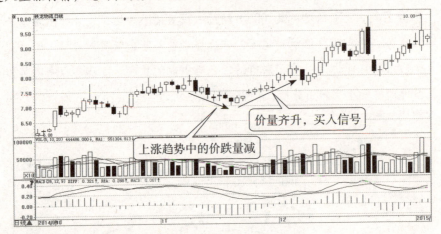

图5-7 铁龙物流日K线

当股价在下跌趋势中出现"价量齐跌"的走势时，说明筹码虽然逐步锁定，但是买盘也非常稀少，投资者要注意保持观望，不要急于入场。这就如同一个人开汽车在走下坡时，即使不给油门，汽车也会不断往下走的。股价在下跌过程中，是不需要成交量配合的。

参考实例：福斯特（603806）股价经过一波下跌后，出现一波短暂反弹，之后股价再次走低，并出现价跌量减的现象。这表明股价持续下跌过程中，多方力量没有抗争，下跌趋势没有明显的扭转迹象，股价处于弱势之中，不知何时是底部。此时，投资者宜持币观望。之前持股的投资者可逢高卖出。如图5-8所示。

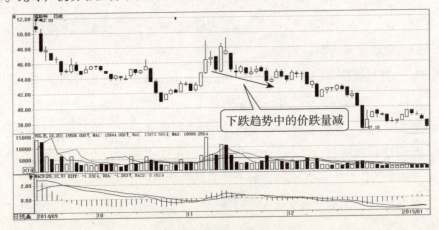

图5-8 福斯特日K线

5.1.5 价平量增

价平量增是指价格在一个区间范围内震荡，而成交量却持续增加的情形。这表明市场上的多空双方正在激烈争夺，双方达到均衡状态。一旦一方从均衡中胜出，股价就将打破这种均衡的行情，开始一波较大的上涨或下跌走势。此时，投资者可以耐心等待股价选择方向后再进行操作。

参考实例：森马服饰（002563）股价在一个扩张三角形的区间内上下震荡长达两个月，同时成交量逐步增加，形成了价平量增的走势。这说明多空双方在激烈争夺市场，股市行情方向不明确。但在2014年12月，股价向下跌破前期震荡区间。这说明股价将进入下跌行情。此时，投资者应及时卖出股票。如图5-9所示。

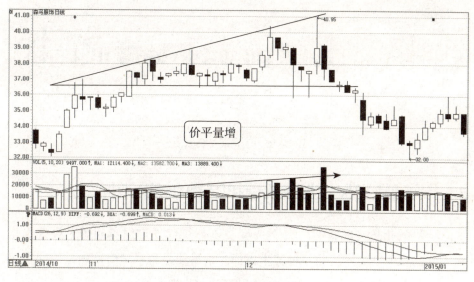

图 5-9　森马服饰日 K 线

5.1.6 价平量减

价平量减是指股价在一个区间范围内上下震荡，而成交量却出现缩减的情形。这表明股价在横盘整理过程中，市场的观望心理越发浓厚。与价平量增一样，为控制风险，投资者应等市场出现明确的趋势方向后，再采取相应的操盘策略。

参考实例：国元证券（000728）经过一波上涨后，进入了一个窄幅区间内上下震荡，而成交量出现缩减的走势。在横盘过程中，成交量逐渐缩减，这预示着市场上观望气氛严重，投资者应耐心等待突破信号出现。2014年9月底，股价突破上涨。这说明此次横盘是一次洗盘整理走势，该走势结束后，股价继续上涨。因此，投资者可在股价突破震荡区间时买入股票。如图5-10所示。

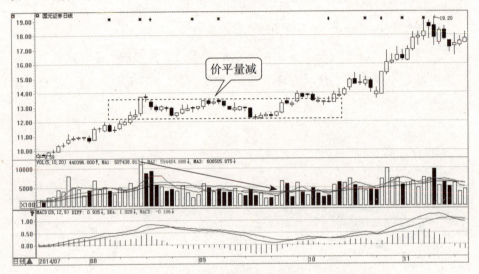

图5-10　国元证券日K线

5.2　均量线指标：判断放量和缩量的辅助指标

均量线指标（MAVOL）是对成交量进行统计处理而得到的一种技术指标，也是应用较为广泛的一种技术指标。均量线是将一定时期内的成交量进行移动平均后，连接众多的移动平均数得到的平滑曲线。

均量线指标是对股票成交量的一种移动平均，它由若干条不同时间周期的均量线组成。投资者可以通过这几条均量线的交叉、背离等方式来对股价的走势进行预测、判断。通常情况下，均量线指标由3条不同时间周期的均量线组成，时间周期一般设为5日、10日和20日，如图5-11所示。

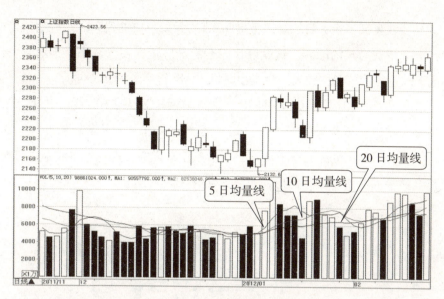

图 5-11 上证指数日 K 线

5.2.1 均量线的金叉和死叉

均量线金叉是指 5 日均量线向上击穿 10 日均量线形成的金叉。这说明市场交易量开始增大，买盘开始活跃，股价上涨的动能正在逐步增强。这就好比汽车油门正在逐渐加大，股价形成上涨趋势的可能性很大，为买入时机。

参考实例：中信证券（600030）见底震荡调整后，于 2014 年 11 月 25 日出现均量线金叉走势。这表明市场上的多方买盘动能开始增强，股价形成上涨走势的概率较大，买点出现。此时，投资者可以买入股票。如图 5-12 所示。

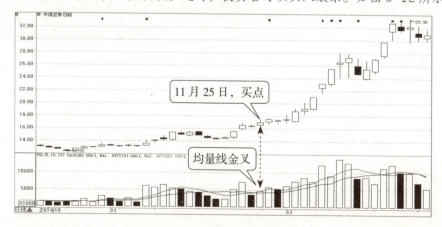

图 5-12 中信证券日 K 线

均量线死叉是指 5 日均量线下穿 10 日均量线形成的死叉。这说明股价的运行失去了交易量的配合。这就好比汽车的油门正在逐渐减小，预示着股价形成下跌趋势的可能性较大，为卖出时机。

参考实例：2014 年 12 月 12 日，奥飞动漫（002292）经过一波上涨后，在高价位出现均量线死叉的走势。这表明市场上的多方买盘动能开始减少，市场上的空方卖盘动能反而增加，空方正在寻求更低的价格卖出股票。因此，股价容易形成下跌趋势。此时，投资者要注意及时卖出，之后股价出现了一波下跌走势。如图 5-13 所示。

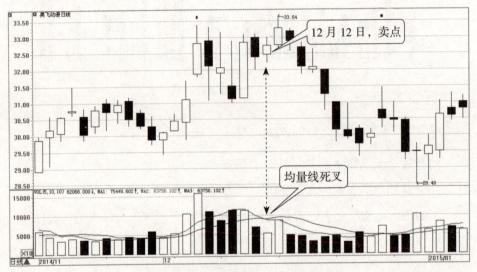

图 5-13　奥飞动漫日 K 线

在这两个例子中，主要阐述了 5 日均量线穿插 10 日均量线的情形。同样的道理，在 20 日均量线中也可以这样应用。只要是短期均量线穿插长期均量线，统称为金叉或者死叉。

5.2.2　均量线的支撑和阻力

均量线的支撑和阻力是指 20 日均量线对 10 日均量线有支撑和阻力作用，10 日均量线对 5 日均量线有支撑和阻力作用。

参考实例：远方光电（300306）经过一波上涨后出现回调，但在 5 日均量线受到 20 日均量线支撑后，股价展开反弹。而在股价反弹后，5

日均量线又被 20 日均量线的强阻力压制，致使股价进入下跌通道。如图 5-14 所示。

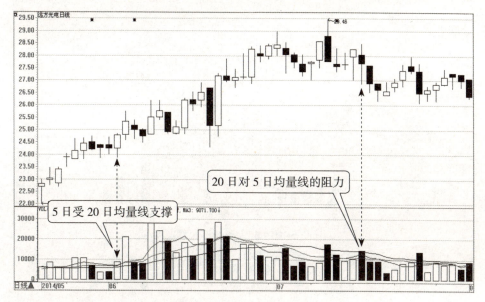

图 5-14　远方光电日 K 线

5.2.3　均量线的多头排列

均量线的多头排列是指 5 日均量线、10 日均量线和 20 日均量线都呈现向上发散的走势的情形。这表明股价中短期的成交量一直是放大的，买方动能越来越强，推动股价不断上涨。当投资者看到均量线成多头排列且股价持续上涨时，可以积极买入股票。

该案例中，投资者可以在均量线金叉时买入股票，也可以在均量线多头排列时买入股票。后者往往较前者更可靠。

参考实例：光大证券（601788）在前期盘整过程中，出现了 5 日均量线死叉 10 日均量线。这说明空方动能逐渐释放，股价受到打压。但随后 5 日均量线又受到 20 日均量线的支撑，5 日均量线与 10 日均量线形成金叉。这表明多方动能控制着行情的主旋律，将空方动能吞噬殆尽。随后多方发力，均量线多头排列，股价展开新一波上涨行情。如图 5-15 所示。

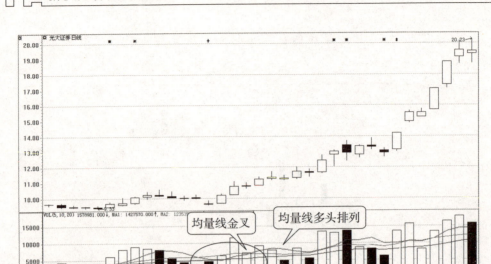

图 5-15　光大证券日 K 线

在上面这个实例中，投资者可以在均量线金叉时买入股票。也可以在均量线多头排列时买入股票。后者往往较前者更可靠。

5.2.4　均量线的空头排列

均量线的空头排列是指 5 日均量线、10 日均量线和 20 日均量线都呈现向下发散的走势的情形。这表明股价中短期的成交量是相对缩小的，买方动能越来越小，空方动能反而没有减小，从而推动股价不断下跌。一般情况下，当均量线形成空头排列时，说明股价已进入长期下跌行情。因此，投资者在看到均量线空头排列时，应坚决卖出股票。

参考实例：汤臣倍健（300146）的均量线经过短期震荡筑顶后出现连续死叉的走势。这表明在股价高位，买方动能逐渐减小，卖方动能逐渐增大，卖方打压股价进入下跌行情。紧接着出现连续的下跌走势，均量线呈现空头排列，这表明股价进入中长期下跌行情。此时，投资者应坚决卖出股票。如图 5-16 所示。

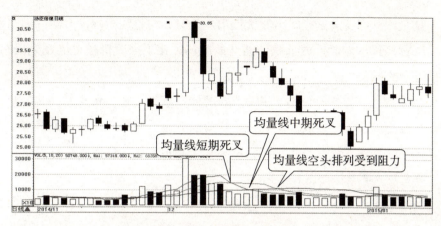

图 5-16　汤臣倍健日 K 线

5.2.5　均量线的背离

背离包括顶背离和底背离。

均量线的顶背离是指，当股价创出新高时，均量线指标没有随同创出新高。顶背离预示着股价的上涨动能开始减弱，接下来股价很可能发生反转，是投资者的卖出时机。当均量线出现顶背离时，投资者可以通过观察 K 线的反转形态，来把握具体的卖点。

参考实例：哈尔斯（002615）的股价再次创出新高时，其均量线反而呈现下跌走势，这就是典型的均量线顶背离走势。这说明股价可能发生反转，投资者应谨慎持有股票。2014 年 11 月 6 日至 7 日，两根 K 线形成看跌孕育形态，这表明股价将要下跌。此时，投资者应在此卖点卖出股票。如图 5-17 所示。

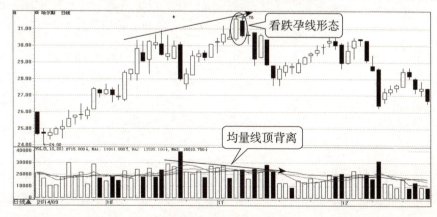

图 5-17　哈尔斯日 K 线

均量线的底背离是指,当股价创出新低时,均量线指标没有随同创出新低。底背离预示着股价的下跌动能开始减弱,接下来股价很可能发生反转,是投资者的买入时机。

参考实例:省广股份(002400)的股价不断创出波段低点时,其均量线反而呈现上涨走势,形成了均量线指标的底背离。此时投资者仔细观察K线形态,可以发现连续几根K线组合成早晨之星形态,此时买点出现,投资者可以据此买入股票。如图5-18所示。

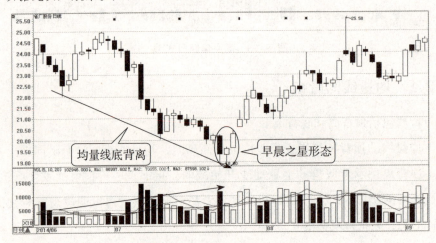

图 5-18　省广股份日K线

5.3　天量和地量:畸形形态里的重大行情

天量是指大盘或个股在人气高涨时所形成的最大日成交量。在实际操作中,对于是否放出天量,有以下两个判断标准,仅供投资者参考。

第一,绝对量。如果某个交易日,创下了历史上的最大成交量,那么就可称之为"天量"。

第二,相对量。如果某个交易日,创下了这轮行情,或者某个较长时间以来的最大成交量,同时在短期内不大可能再次出现更大的成交量,这个成交量也可以称为"天量"。

地量则是指大盘或个股在人气低迷时形成的极低成交量,通常指在一段时间内的成交量。如果某段时间内的成交量水平明显低于本轮行情以来其他时期的成交量,那我们就可以将这段时期的成交量称为地量。

5.3.1 低价位天量

低价位天量是指在股价低位调整区域出现的最大成交量,也是我们通常所说的"天量之后的天亮"中的"天量"。低价位天量表明多方主力拉升股价,吸引空方抛盘力量的涌出,从而达到悄悄吸货的目的。这往往预示着股价将进入一波上涨行情。

参考实例:隆基股份(601012)股价经过一波大幅下跌后,进行了较长时间的调整,之后在低价位放天量。这表明多方一方面吸引了新的投资者跟风买入,另一方面自己也悄悄吸货。此后,股价进入了缓慢拉升行情。因此,投资者若在低价位区间见到股票成交量放天量,可积极买入股票。如图5-19所示。

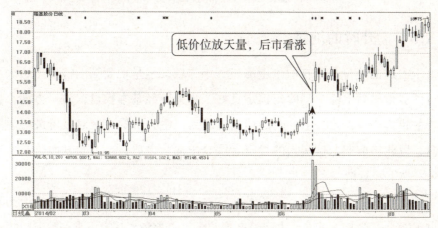

图5-19 隆基股份日K线

5.3.2 高价位天量

高价位天量是指在股价高位出现的最大成交量,也是我们通常所说的"天量见天价"中的"天量"。高价位天量表明多方主力获利丰厚,拉升股价吸引更多投资者跟风买入,从而达到借机出货的目的。这往往预示着股价将进入一波下跌行情。

参考实例:扬杰科技(300373)股价经过一波大幅上涨之后在高价位放天量。这表明多方主力借拉升吸引投资者跟风买入,从而在高价出货。该走势之后,股价进入加速下跌行情。因此,投资者若在高价位区间见到股票成交量放天量,应及时卖出股票。如图5-20所示。

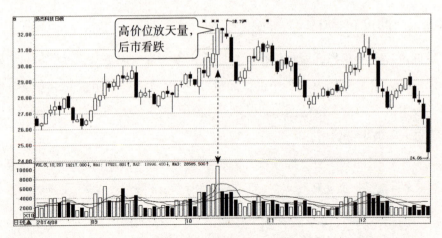

图 5-20 扬杰科技日 K 线

5.3.3 上升时的地量

上升时的地量是指在股价上涨过程中,成交量呈现萎缩的情形。这表明一方面股价虽然上涨,但筹码锁定良好,主力已经基本控盘;另一方面,投资者的惜售心理严重。上升时的地量出现后,主力机构往往对股价进行震荡洗盘,以此将前期低位买入的投资者震仓出局。之后,主力拉升股价,推动进入一波上涨行情。

参考实例:万华化学(600309)经过一波快速下跌后,在股价缓慢上升中出现地量。这表明多方主力已经高度控盘。该走势之后,主力往往对股价进行震仓洗盘,当信心不坚定的投资者被震仓出货后,主力再次拉升股价进入新一波上涨行情。因此,投资者可在震仓时逢低买入股票。如图 5-21 所示。

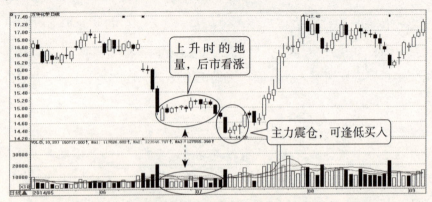

图 5-21 万华化学日 K 线

5.3.4 下跌时的地量

下跌时的地量是指在股价下跌时期，出现成交量极低的情形。这表明市场人气低迷，股价跌势趋缓，是股价即将反弹的信号。

在分析下跌时的地量时，投资者要注意股价下跌所处的阶段性位置。一般而言，在下跌初期出现地量情形，是风险没得到有效释放的特征，此时缩量或者无量下跌，预示着小幅反弹之后，股价还将继续下跌；在下跌中期出现地量情形，预示着即将出现反弹，反弹结束后，股价还将下跌；在下跌末期出现地量情形，则是跌势将停止，股价即将见底的信号；在底部区域，出现地量结构，则是主力慢慢吸筹的结果。针对不同的位置，投资者可进行合理分析后再制订操盘计划。

参考实例：佳讯飞鸿（300213）进入第一波下跌的末期时，出现地量情形。这表明股价短期跌幅较大，市场可能存在短期反弹。但是这并不是反转的征兆。因此，短线投资者可以买入股票，但要快进快出；中长线投资者则应持币继续观望。如图5-22所示。

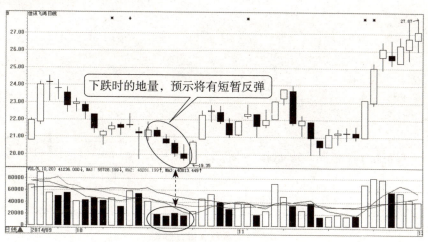

图 5-22 佳讯飞鸿日 K 线

第6章
技术指标快速入门：走势奥妙轻松发现

技术指标，是指运用一定的梳理统计方法及特定的运算公式，来判断趋势走势的一种量化的分析工具。不同的技术指标，有着不同的应用法则。下面我们介绍一些比较常用的技术指标的用法。

6.1 MACD指标：股价涨跌的速度表

MACD 指标又称平滑异同移动平均线，是一个常用的中长期技术指标，由 DIFF 线和 DEA 线两条曲线以及 MACD 柱线构成，如图 6-1 所示。

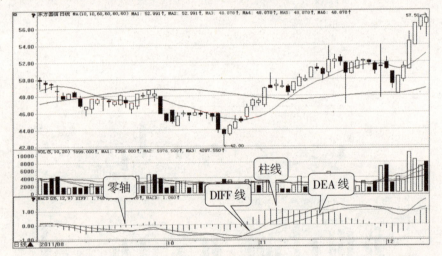

图 6-1 东方国信日 K 线

DIFF 线是快速平均线，变动较为灵敏；DEA 是慢速平均线，变动较为平缓；中间的横线是零轴。DIFF 线、DEA 线指标在零轴以上时为正值，在零轴以下时为负值。

围绕零轴上下波动的柱状线，是 MACD 柱线，其计算公式为 DIFF 值与 DEA 值之差的两倍。当 DIFF 线位于 DEA 线上方时，MACD 柱线位于零轴上方，显示为红色；当 DIFF 线位于 DEA 线下方时，MACD 柱线位于零轴下方，显示为绿色。MACD 柱线越长，说明 DIFF 线距离 DEA 线的距离越远。

MACD 指标的趋势判断主要依据以下几个方面：MACD 背离、MACD 的金叉与死叉和 MACD 的喇叭口形态。

6.1.1 MACD 曲线背离

MACD 曲线背离是指 DIFF 线、DEA 线与股价走势之间的背离，包括顶背离和底背离两种形态。

MACD 曲线的底背离是指，在股价一波又一波走低的同时，MACD 指标的这两条曲线却出现逐波走高的情形。

分时图中 MACD 出现底背离时，说明短期底部出现，投资者可短线买入；日 K 线图中 MACD 出现底背离时，说明中短期底部出现，投资者可中短线买入；周 K 线图中 MACD 出现底背离时，说明中期底部出现，投资者可中线买入；月 K 线图中 MACD 出现底背离时，说明长期底部出现，投资者可长线买入。

当出现底背离情形时，投资者不宜直接买入股票，而应继续观察是否有其他见底信号。只有同时出现其他见底信号，投资者才能买入股票。

参考实例：太极股份（002368）经过大幅下跌后，出现 MACD 底背离的走势。这表明该股的中短期底部已经出现，股价将随时发起反攻。2014 年 5 月 19 日至 20 日，股价收出看涨孕线，其出现在底部，表明股价见底，是投资者买入股票的信号。此时，投资者可以买入股票。如图 6-2 所示。

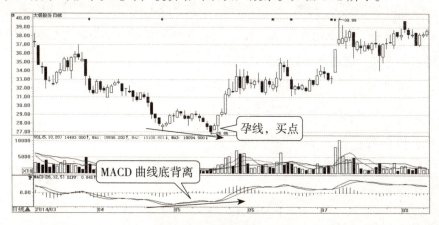

图 6-2 太极股份日 K 线

MACD 曲线的顶背离，是指在股价一波又一波走高的同时，MACD 指标的这两条曲线却出现逐波走低的情形。当出现顶背离情形时，投资者应卖出股票。

参考实例：华东电脑（600850）经过一波上涨后，出现 MACD 顶背离的走势。这表明该股的中短期顶部已经出现，股价将随时下跌。2014 年 11 月 11 日，股价收大阴线，其出现在顶部，表明股价见顶，后市将要下跌。此时，投资者应将股票卖出。如图 6-3 所示。

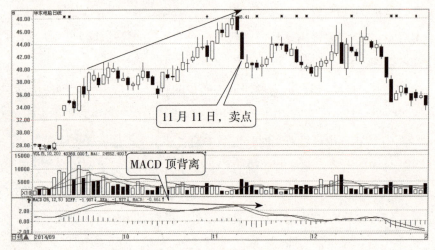

图 6-3　华东电脑日 K 线

6.1.2　MACD 柱线背离

MACD 柱线的底背离，是指在股价逐波下跌的同时，绿色柱线的高度却反而逐渐变短。这说明在下跌过程中，空方力量衰竭，多方力量增强，股价呈现弱势下跌。此时指标发出买入信号。

参考实例：盛路通信（002446）在一波下跌过程中出现 MACD 柱线底背离。这表明股价短期下跌动能已经减弱，后市可能会有一波反弹行情。此时，短线投资者可以买入股票。买入股票后，投资者需要设定严格的止损规则。一旦股价反弹失败，再次掉头下跌，投资者就应坚决卖出股票。如图 6-4 所示。

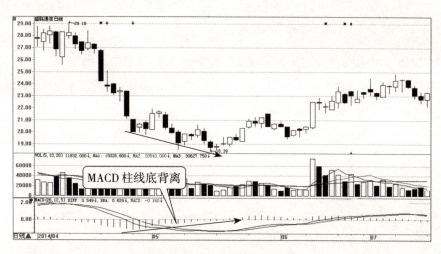

图 6-4 盛路通信日 K 线

MACD 柱线顶背离是指在股价逐步上涨的同时，红色柱线却反而逐渐变短，此时指标发出卖出信号。顶背离与底背离的道理类似。当股价持续上涨时，推动其上涨的多方力量却逐渐减弱，上涨动能不足，此时该股出现了看跌卖出信号。

当出现顶背离情形，并伴随股价涨幅较大时，投资者应及时卖出股票。当出现顶背离情形，并伴随股价涨幅较小时，投资者可分批卖出股票。

参考实例：新开源（300109）经过一波大幅上涨后，MACD 柱线与股价出现了顶背离。这里的见顶信号确立了该股的中短期顶部。这预示着多方力量衰竭，空方力量强势，股价即将进入下跌行情。因此，持有该股的投资者应及时卖出股票。如图 6-5 所示。

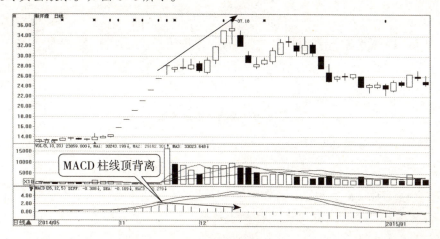

图 6-5 新开源日 K 线

6.1.3 MACD 的金叉与死叉

与移动平均线金叉、死叉定义相同，MACD 金叉是指波动较快的 DIFF 线自下而上穿越波动较慢的 DEA 线；死叉是指波动较快的 DIFF 自上而下穿越波动较慢的 DEA 线。金叉是看涨买入信号，而死叉是看跌卖出信号。

根据金叉所发生的位置不同，其所代表的信号强弱也有区别。通常而言，可以将信号强弱划分为：零轴附近金叉＞零轴上方金叉＞零轴下方金叉。

当金叉发生在零轴附近时，预示着指标金叉同时股价刚刚开始上涨，未来股价会有更大的上涨空间，这时投资者买入的风险也是最小的。因此，在零轴附近的金叉是最佳的买入时机。

参考实例：天坛生物（600161）经过一波下跌后开始筑底反弹。2014 年 11 月 27 日，随着股价的上涨，MACD 指标在零轴附近出现金叉。这个形态表示多方力量已经超过空方，股价有上涨趋势。看到这个信号后，投资者可以积极买入股票。如图 6-6 所示。

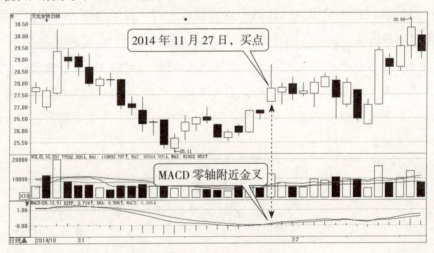

图 6-6　天坛生物日 K 线

当金叉发生在零轴上方时，预示着股价将进入加速上涨行情，未来股价短时间涨幅较大。这时投资者买入的风险在于指标的滞后性，影响了买入时机的选择。因此说零轴上方的金叉是仅次于零轴附近的最佳买入时机。

参考实例：2014 年 8 月开始，中航电子（600372）的股价进入波段上涨的走势。9 月 25 日，随着股价的上涨，MACD 指标在零轴上方出现金叉。这个形态表示多方力量还是较空方力量强势,但其强度有所减弱,因此,股价仍有上涨空间。看到这个信号后,短线投资者可以积极买入股票,中长线投资者要结合其他基本面进行综合分析后,再考虑是否要介入。如图6-7所示。

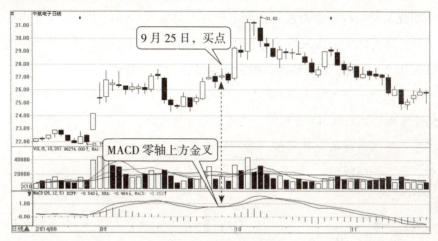

图6-7　中航电子日K线

当金叉发生在零轴下方时,预示着股价将进入缓慢上涨行情,未来股价将要有一波上涨行情。这时投资者买入的风险是较大的,因为股价随时都有可能调转方向,向下砸去。因此说零轴下方的金叉是最弱的买入信号。

参考实例:金通灵(300091)经过一波下跌后,在零轴下方出现MACD金叉。这表明股价跌幅较大,市场做空动能减弱,做多动能增强,后市将进入上涨行情。投资者可在MACD金叉后买入股票。如图6-8所示。

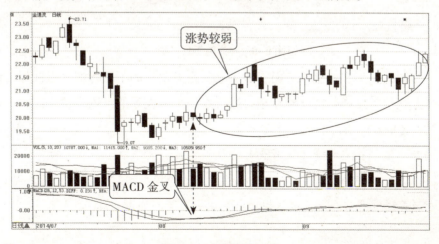

图6-8　金通灵日K线

在 MACD 死叉中，其强弱程度也可划分为：零轴附近死叉＞零轴下方死叉＞零轴上方死叉。也就是说，在零轴附近死叉，其看跌信号最强烈；其次是在零轴下方死叉；最弱的看跌信号是在零轴上方死叉。

当死叉发生在零轴附近时，预示着空方力量刚刚强过多方力量，市场行情由升势转为跌势。未来股价会有更大的下跌空间，这时投资者卖出股票也是最有利的。因此，在零轴附近的金叉是最佳的卖出时机。

参考实例：林洋电子（601222）的股价经过前期多空双方激烈争夺后，最终在零轴附近出现 MACD 死叉。这表明空方力量已经胜过多方，股价将在空方打压下进入持续的下跌行情。看到这个信号后，投资者应尽快卖出手中的股票。如图 6-9 所示。

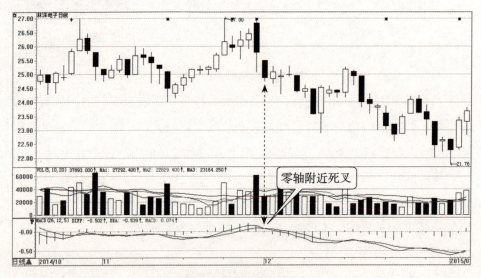

图 6-9　林洋电子日 K 线

当死叉发生在零轴下方时，股价处于空方主导的下跌行情。指标死叉说明多方短暂的反弹行情已经结束，股价将迎来一波新的下跌行情。此时，短线投资者应及时卖出股票。

参考实例：安科瑞（300286）的股价经过一波下跌后，在零轴下方出现 MACD 死叉。这表明多方反弹行情已经结束，股价再次进入下跌行情。因此，投资者看到这个信号后，应尽快卖出手中的股票。如图 6-10 所示。

第6章 技术指标快速入门：走势奥妙轻松发现

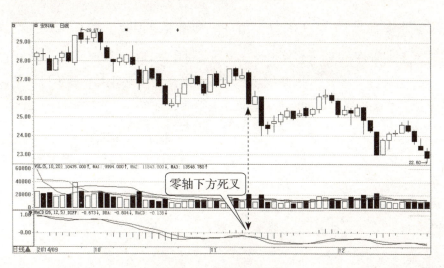

图 6-10　安科瑞日 K 线

当死叉发生在零轴上方时，预示着股价进入一个短期下跌调整过程，发出短线卖出信号。但是，此时投资者不能断定中线也已经见顶，是否进行中线卖出，还需要投资者结合其他指标作进一步判断。

参考实例 1：国瓷材料（300285）的股价经过一波高位震荡后，在零轴上方出现 MACD 死叉。这表明股价短期见顶，进入回调走势。2014 年 11 月 10 日，MACD 指标在零轴附近死叉。此时表明股价进入中期顶部，投资者应及时卖出股票。如图 6-11 所示。

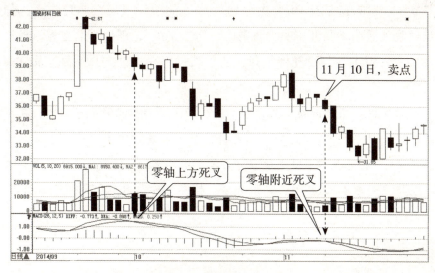

图 6-11　国瓷材料日 K 线

109

参考实例2：天赐材料（002709）的股价经过一波上涨后有所回调，在零轴上方出现MACD死叉。短期投资者可以据此卖出，中线投资者可以进行观望。2014年9月2日，MACD指标在零轴上方金叉。此时表明股价回调结束，再次进入上涨行情，短线投资者可以买入股票。如图6-12所示。

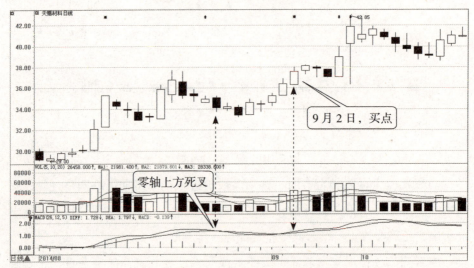

图6-12 天赐材料日K线

6.1.4 MACD的喇叭口

MACD喇叭口是指DIFF线与DEA线之间所形成的喇叭口形态。如果喇叭口收敛后向下张开（期间两条曲线并未交叉），则说明空方力量经过调整后再次占据主动，股价将要有一波下跌行情。此时，投资者应及时卖出股票。

参考实例：银江股份（300020）的股价正处于一波下跌趋势中，在股价下跌中出现MACD喇叭口走势。这表明在股价下跌过程中，多方力量慢慢积累，意欲打一波小反弹。此时，空方力量再次涌来，打压股价进入新的下跌行情。因此，在形成MACD喇叭口形态后，投资者要及时卖出股票。如图6-13所示。

第6章 技术指标快速入门：走势奥妙轻松发现

图 6-13 银江股份日 K 线

如果喇叭口逐渐收敛后向上张开（期间两条曲线并未交叉），则说明多方力量再次占据主动，股价将要有一波上升行情。此时，投资者应及时买入股票。

参考实例：鲁信创投（600783）的股价在弱势反弹中出现回调走势，在此过程中，其 MACD 呈现喇叭口向上张开形状。这表明股价见底，多方力量开始拉升股价上涨，在上涨过程中遭到空方力量的打压，股价出现回调。最终多方强势胜出，股价再次被多方力量拉起。因此，投资者在看到 MACD 喇叭口向上张开后，可选择有利时机买入股票。如图 6-14 所示。

图 6-14 鲁信创投日 K 线

6.2 KDJ 指标：当前股价的相对位置

KDJ 指标，又称随机摆动指标，一般用于股市的中短期趋势分析，是根据统计学原理，通过一个特定周期（常为 9 日、9 周等）内出现过的最高价、最低价及最后一个计算周期的收盘价，通过一系列计算后得出 K 值、D 值与 J 值，并绘成相应的曲线图来研判股票走势。

KDJ 指标由三条指标线构成，分别是指标线 J、指标线 K 和指标线 D。其中，指标线 J 波动最为灵敏，其次是指标线 K，最后是指标线 D，如图 6-15 所示。

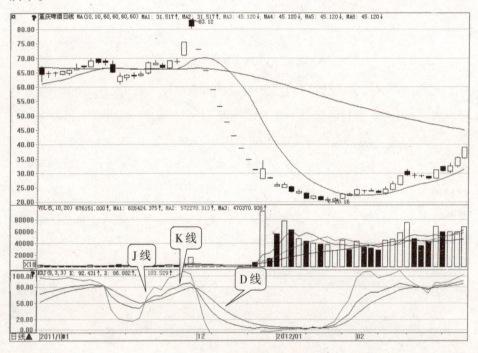

图 6-15　重庆啤酒日 K 线

6.2.1　K 值超买与超卖

由于指标线 J 过于灵敏，因此常常在超买超卖区间出现高位钝化现象；而指标线 D 过于迟缓，发出的信号虽然可靠性较高，但是信号数量少，容易错过合适的交易机会。从实际使用来看，在超买超卖的判断方面使用指标线 K 会更加顺手。

KDJ 超买是指股价的上涨已经超出了买方的实力，买方已经开始疲惫，所以股价随时可能开始下跌。当 K 值大于 80 时，一般称为 KDJ 指标超买。此时的 KDJ 超买多是指一个区域，而不是具体的卖点。如何判断具体的卖点，还需要投资者结合其他指标进行综合确定，如均线、K 线形态等。

参考实例：航天长峰（600855）经过一波上涨后出现 KDJ 指标超买区。这预示着股价随时可能下跌。随后股价在高位收出射击之星形态，这是高位看跌信号。说明股价即将进入下跌行情。此时，投资者可以将手中股票卖出。如图 6-16 所示。

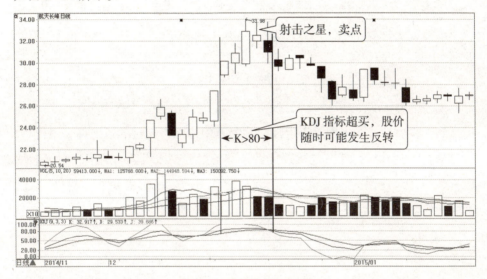

图 6-16　航天长峰日 K 线

KDJ 超卖是指股价的下跌已经超出了卖方的实力，卖方已经开始疲惫，那么股价随时可能开始上涨。当 K 值小于 20 时，一般称为 KDJ 指标超卖。此时的 KDJ 超卖也是指一个区域，而不是具体的买点。如何判断具体的买点，还需要投资者结合其他指标进行综合确定，如均线、K 线形态等。

参考实例：北信源（300352）经过一波下跌后出现 KDJ 指标超卖区。这预示着股价随时可能上涨。随后股价在低位收出曙光初现形态，这是低位看涨信号，说明股价即将进入上涨行情。此时，投资者可以买入股票。如图 6-17 所示。

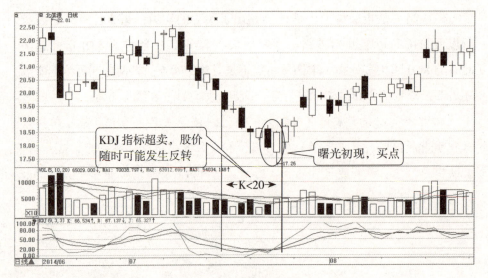

图 6-17　北信源日 K 线

对于过度活跃的指标线 J，投资者可以将其作为一个提醒信号，当该指标达到 100 后，就在提醒投资者注意观察其他指标，随时准备把握卖出机会；当该指标到达 0 后，就在提醒投资者，准备把握买入机会。对于相对迟缓的指标线 D，一旦到达超买超卖区，就应引起投资者的高度警惕。另外，KDJ 指标中的 K 值处于 20～80 时为徘徊区，投资者宜保持观望。

6.2.2　KDJ 金叉与死叉

KDJ 指标金叉是指 D 值到达超卖区后，K 值在 20 附近位置向上穿越 D 值，由此所形成的交叉状态。这表明多方力量开始拉升股价，股价即将上涨。此时，投资者可以据此买入股票。

参考实例：广陆数测（002175）KDJ 指标中的指标线 K，从超卖区下方回升并上穿指标线 D，形成 KDJ 金叉，发出买入信号。这表明多方开始拉升股价上涨。此时，投资者可以积极进行短线买入。如图 6-18 所示。

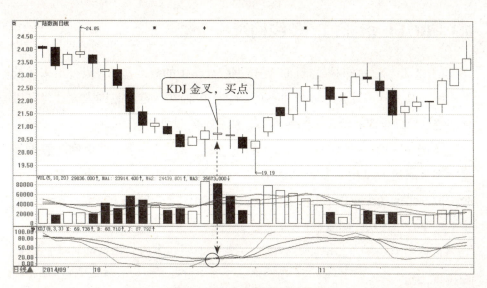

图 6-18 广陆数测日 K 线

KDJ 指标死叉是指 D 值到达超买区后，K 值在 80 附近位置处向下穿越 D 值，由此所形成的交叉状态。这表明空方力量开始打压股价，股价即将下跌。此时，投资者可以据此卖出股票。

参考实例：高新兴（300098）KDJ 指标中的指标线 K，从超买区上方下穿指标线 D，形成 KDJ 死叉，发出卖出信号。这表明空方开始打压股价。此时，投资者应及时卖出股票。如图 6-19 所示。

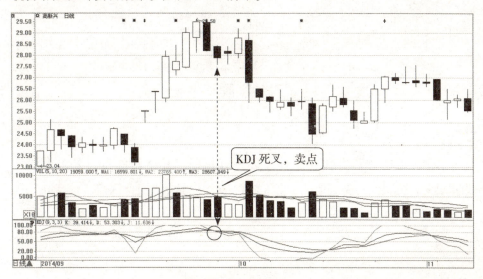

图 6-19 高新兴日 K 线

6.3 BOLL 指标：三条线构筑一个带

BOLL 指标通称布林线指标，是根据统计学中的标准差原理设计出来的技术指标。其设计原理是，股价总是围绕某个中轴在一定的范围内波动，可以利用统计原理求出股价波动的标准差，从而确定股价的波动范围。

体现在图形上，这个计算出的波动范围就形成了一个带状区间，股价就在这个区间的上限和下限之间进行波动。而这条带状区间的宽窄，也会随着股价波动幅度的大小而变化。股价涨跌幅度加大时，带状区变宽；涨跌幅度狭小盘整时，带状区则变窄。

布林线由三条曲线组成，分别是上轨、中轨和下轨。指标的具体形态如图 6-20 所示。

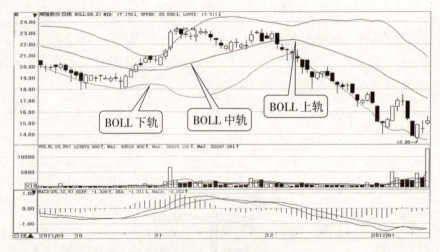

图 6-20　辉隆股份日 K 线

6.3.1 BOLL 上轨阻力与 BOLL 下轨支撑

BOLL 上轨的阻力往往出现在震荡行情中。具体表现为当股价上涨至 BOLL 线上轨时，会受到阻力，继而掉头向下，这表明上轨对股价有强阻力。此时，短线投资者应卖出股票。

参考实例：恒信移动（300081）经过缓慢爬升上涨后进入震荡行情，期间多次出现遇 BOLL 上轨受到阻力的走势。这表明 BOLL 上轨对股价有强阻力。投资者在股价进入震荡市后，可采取逢上轨高抛的卖出策略。如图 6-21 所示。

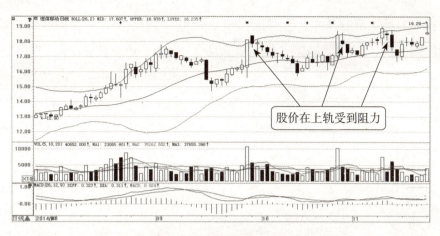

图 6-21　恒信移动日 K 线

BOLL 下轨的支撑，也是在震荡行情中最为有效。具体表现为当股价下跌至 BOLL 线下轨时，会受到支撑，继而掉头向上，这表明下轨对股价有强支撑。此时，投资者可以买入股票。

参考实例：罗莱家纺（002293）经过一波下跌后进入震荡行情，期间多次出现遇 BOLL 下轨受到支撑的走势。这表明 BOLL 下轨对股价有强支撑。投资者在股价进入震荡市后，可采取逢下轨买入股票的操作。如图 6-22 所示。

图 6-22　罗莱家纺日 K 线

6.3.2　BOLL 中轨的阻力与支撑

BOLL 上轨和下轨的阻力和支撑作用常在震荡行情中有效，而 BOLL 中轨的阻力和支撑作用则通常在单边行情市场中最有效。具体表现在以下两个方面。

在一波上涨行情中,当股价回调至 BOLL 线中轨时,股价会获得支撑,继而掉头向上,这表明中轨对股价有强支撑。此时,投资者可以买入股票。

参考实例:合众思壮(002383)正处于上涨行情中,其股价在上涨中出现遇 BOLL 中轨受到支撑的走势。这表明 BOLL 中轨对股价有强支撑。投资者在股价进入强势上涨行情后,可采取逢中轨买入股票的操作。如图 6-23 所示。

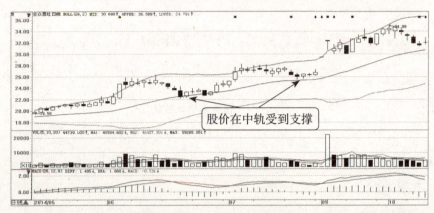

图 6-23　合众思壮日 K 线

在一波下跌行情中,当股价反弹至 BOLL 线中轨时,股价会受到阻力,继而掉头向下,这表明中轨对股价有强阻力。此时是投资者逢高卖出股票的机会。

参考实例:亿帆鑫富(002019)正处于下跌行情中。其中股价在下跌中遇到 BOLL 中轨较强的阻力。当股价反弹到 BOLL 中轨位置时,是投资者逢高卖出股票的机会。如图 6-24 所示。

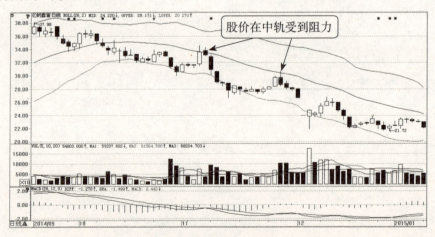

图 6-24　亿帆鑫富日 K 线

6.3.3 BOLL 线喇叭口

当 BOLL 指标上轨向上移动,下轨向下移动时,就形成 BOLL 喇叭口打开的形态。如果此时 BOLL 中轨逐渐上涨,就是看涨买入信号;相反,如果此时 BOLL 中轨逐渐下跌,就是看跌卖出信号。

参考实例:华胜天成(600410)正处于一波大的下跌行情中,期间出现了两次 BOLL 喇叭口打开的形态,但是却出现了不同的走势。在第一次股价跌破 BOLL 线中轨,中轨低头向下。这表明空方打压股价进入新的下跌行情。此时,若投资者持有股票,应及时卖出。在第二次股价站上 BOLL 线中轨,中轨向上翘头。这表明多方占据优势,推动股价进入上涨通道。此时,投资者可以逢低买入股票。如图 6-25 所示。

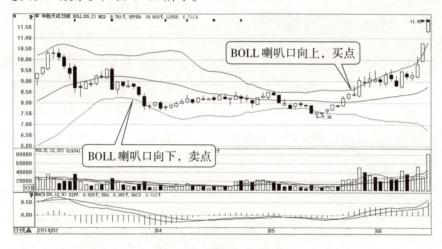

图 6-25 华胜天成日 K 线

6.4 OBV 指标:成交量累加的指标

OBV 指标又称平衡交易量指标,它通过一条曲线来对市场的动能强弱进行评估,进而预测接下来的市场走势。这条曲线是连接无数个成交量的统计值而得到的。

OBV 指标只有一条曲线。其计算方法为:当日 OBV = 前一日 OBV ± 当日成交量(当日股价上涨时+,当日股价下跌时−)。指标的具体形态如图 6-26 所示。

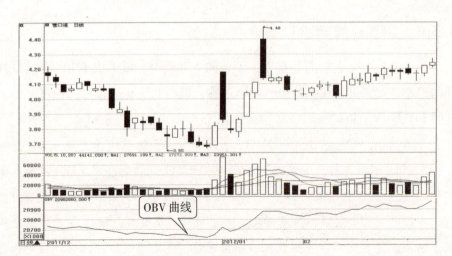

图 6-26 营口港日 K 线

6.4.1 OBV 指标背离

OBV 指标的底背离,是指在下跌走势中股价创出新低,而 OBV 指标却没有创出新低的情形。这表明市场做空动能正在减弱,接下来可能出现一波上涨走势。

投资者可以综合其他的技术分析方法,使得买入信号更为精准,最常用的仍是 K 线形态。

参考实例:同仁堂(600085)经过一波下跌后,出现了 OBV 底背离走势。这表明空方力量衰减,多方力量聚集,股价将要上涨。之后,底部出现孕育看涨形态,这更加夯实了后市上涨的信号。此时,投资者可以买入股票。如图 6-27 所示。

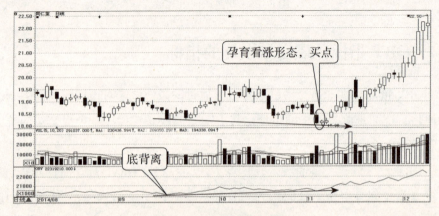

图 6-27 同仁堂日 K 线

OBV指标的顶背离，是指在下跌走势中股价创出新高，而OBV指标却没有创出新高的情形。这表明市场做多动能正在减弱，接下来可能出现一波下跌走势。

与底背离一样，投资者可以综合其他的技术分析方法，使得卖出信号更为精准。

参考实例：江苏神通（002438）经过一波上涨后，出现了OBV顶背离走势。这表明多方力量衰减，空方力量聚集，股价将要上涨。之后，顶部出现乌云盖顶形态，这更加夯实了后市下跌的信号。此时，投资者应卖出所持有股票。如图6-28所示。

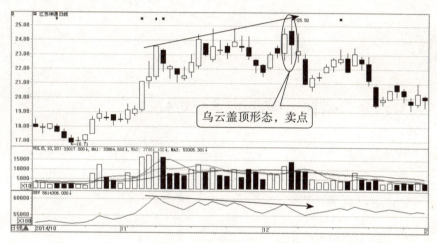

图6-28　江苏神通日K线

6.4.2　OBV与股价同步

当OBV指标缓慢上升的同时，如果股价上涨，说明买盘渐强，是上涨行情将会持续的信号。一旦OBV指标向上突破爬升区间，则说明买盘力量加速凝聚，股价即将大幅上涨，是买入股票信号。通常，OBV线用于观察股价何时脱离盘整及突破后的未来走势。

参考实例：2014年10月至11月，复星医药（600196）进入缓慢爬升阶段。OBV指标在上升区间缓慢爬升。11月18日，OBV指标突破缓慢爬升区间，进入加速上升时期。这表明买方力量增强，股价即将进入加速上涨行情。此时，投资者可以买入股票。如图6-29所示。

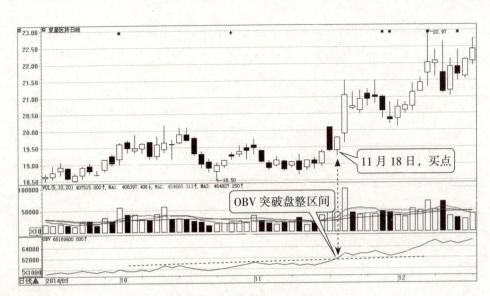

图 6-29 复星医药日 K 线

6.5 筹码分布指标：横向的成交量柱线

筹码分布指标简称 CYQ，是将市场交易的筹码画成一条条横线，其数量共 100 条，该横线在价格空间内所处的位置代表指数或股价的高低，其长短代表该价位筹码数量的多少。

6.5.1 筹码的低位锁定

筹码的低位锁定是指，伴随股价的持续上涨，筹码仍然在低位堆积，继续保持低位密集形态的现象。它是主力已经入驻该股的重要标志。

一般来说，随着股价的持续上涨，前期低位筹码将有获利了结的巨大冲动。对散户投资者来说，这种获利了结的冲动很难克服，他们往往随股价的上涨迅速卖掉获利筹码。能够克服这种冲动的，只能是持有众多筹码的主力机构。因此，筹码的低位锁定，往往是主力机构已经入场的标志，并且这些主力机构往往选择中长线操作方式。

投资者在操作过程中，一旦判定有主力机构在低位锁定筹码，一定要注意持股待涨，不要快进快出，防止踏空走势。

参考实例：从 2014 年 8 月 21 日到 10 月 8 日，川投能源（600674）的股价出现一波上涨走势。在这波走势中,股价从12.82元涨到18.28元,涨幅达到42%,但筹码分布却一直集中在低价位,没有什么显著变化。

8月21日,该股股价仍处于上涨走势的发动阶段,此时在11.63元附近分布着大量的筹码。10月8日,股价经过一波上涨走势后,开始在高位震荡,此时低位的筹码没有显著的变动。面对超过42%的涨势毫不动摇,有这种定力的肯定是主力机构的筹码。因此,仍然持有该股的投资者不必为后市的暂时回调担心,可以继续持股不动。如图6-30、图6-31所示。

图6-30 川投能源日K线(一)

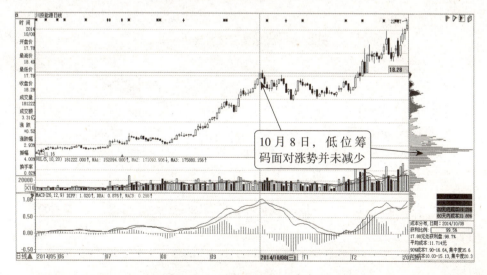

图6-31 川投能源日K线(二)

6.5.2 上峰消失，上涨继续

在下跌行情里，如果上密集峰没有被充分消耗，并在低位形成新的单峰密集，将不会有新一轮行情的产生。上攻行情的充分条件是股价的上方没有大量的套牢盘，下跌多峰中的每一个上峰都是强阻力位。对于下跌多峰的股票投资者不宜草率建仓。

参考实例：大地传媒（000719）经过大幅下跌后，在底部确立。2014年5月30日，股价上涨初始，其筹码分布上面仍有较大的筹码密集峰。这说明上面仍套牢了很多人，如果不解套的话涨势不容乐观。随后，主力进行先诱空后拉升的操盘方式，将部分套牢筹码洗掉。8月5日，股价再次上涨，此时筹码密集峰消失。这表明股价上涨无阻力，股价进入加速上涨行情。如图6-32、图6-33所示。

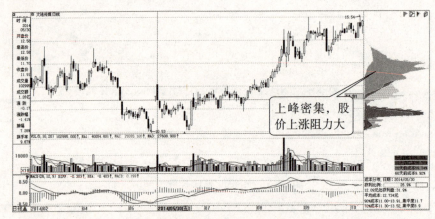

图6-32 大地传媒日K线（一）

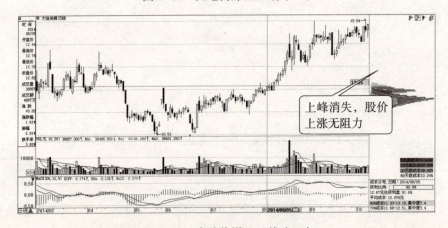

图6-33 大地传媒日K线（二）

6.5.3 放量突破高位密集单峰

放量突破高位密集单峰是指股价经过一波上涨后,在高位调整震荡形成密集单峰。此时股价再次突破高位密集单峰,并创出近期历史新高。这说明多方力量重新聚集,拉升股价进入新一波上涨行情。

股价再次突破高位密集峰将是新一轮升势的开始,投资者可结合其他信号适当介入,快进快出。但投资者应注意,当股价回落击穿高位密集峰时应止损。

参考实例:宜华地产(000150)经过一波上涨后,低位的筹码密集峰悄然消失了。这表明主力已经卖出部分股票,持股成本总体大幅上升。通常这是建仓的时机,但股价涨幅已大,因此投资者应谨慎买入。随后股价在短暂横盘后再度强势上涨,一举突破高位密集峰,这表明一轮新的涨势又开始了。此时,投资者可以买入股票。如图6-34所示。

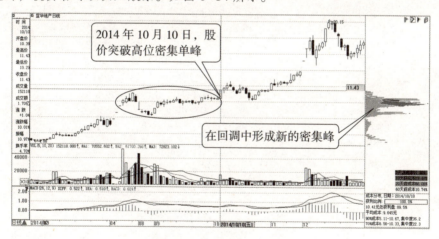

图6-34 宜华地产日K线

买入股票后,投资者应该保持谨慎。一旦股价回落击穿高位密集峰时,说明突破形态失败,此时应该尽快卖出股票止损。

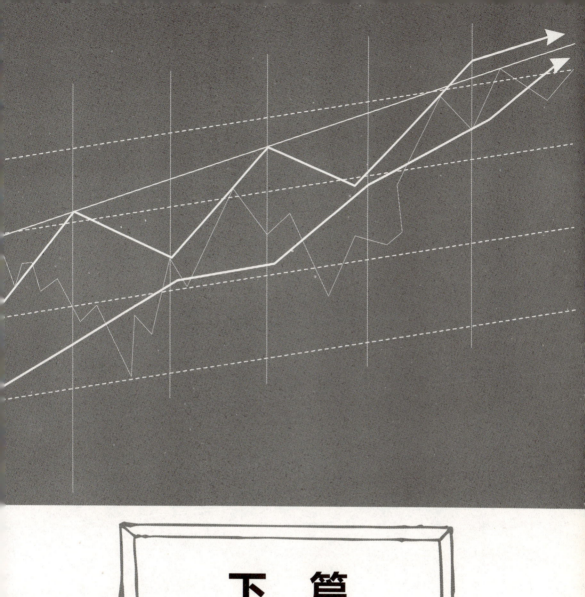

下 篇
实战技巧

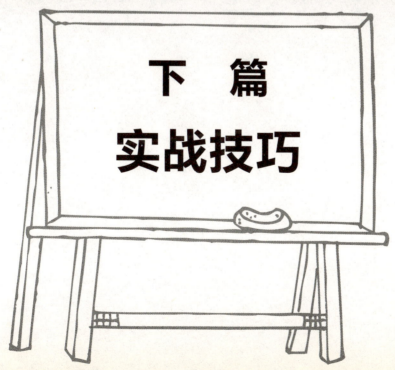

目 次

第7章
短线看盘技巧

7.1 如何选择股票

对于新入市的股民来说,由于对市场上的股票了解不多,因而可能在选股时会感觉无从下手。通过看盘,投资者可以观察到市场上近期内最热的股票都有哪些,这些股票就是投资者在选股操作时应该重点观察的品种。

7.1.1 看涨幅榜选择强势股票

通过炒股软件,投资者可以按照当日涨幅对市场上的股票进行排名。在软件中,全部A股涨幅排名的快捷键为"60+【Enter】",上证A股涨幅排名的快捷键为"61+【Enter】",深证A股涨幅排名的快捷键为"62+【Enter】"。

通过涨幅榜,投资者可以了解以下三个方面的信息。

第一,当日大盘整体情况。如果涨幅榜中有大量股票涨停,说明投资者热情高涨,当日大盘整体十分强势;如果涨幅榜中只有少量股票涨停,且其他股票的涨幅也都较小,则说明当日成交比较清淡,大盘走势不强;如果涨幅榜中上涨的股票数量很少,则说明当日卖盘大量涌出,市场整体行情极度弱势。

第二,当前市场上的热门股票。通过涨幅榜,投资者可以清楚地看到当日股价大幅上涨的股票都有哪些,这些股票就是短期内的热点品种。

第三,当前市场上的热门板块。通过分析涨幅靠前的股票所属的板块,投资者可以知道当前市场上的热点概念都有哪些。这些热点概念和热点股票,都是投资者短线操作很好的选择。

参考实例:如图7-1所示为2014年1月20日盘中,沪深股市所有A股的涨幅排行榜。从中投资者可以看出,当日涨幅排名前20的股票全部涨停。

这说明大盘行情十分强势。此时是短线投资者入市操作的很好时机。此外，在涨幅排名靠前的这些股票中，有多只股票都属于造纸印刷、石油化工和信息技术行业。这说明这几个行业的股票是市场上炒作最热的品种。短线投资者可以重点关注这几个板块的这些强势股票。

序号	代码	名称	最新	涨跌	涨幅↓	现手	总手	换手率	今开
1	603788	N高发	14.80	+4.52	43.97%	10	940	0.27%	14.80
2	002067	景兴纸业	3.70	+0.34	10.12%	350968	350968	3.65%	3.48
3	000627	天茂集团	5.46	+0.50	10.08%	27257	27257	0.20%	5.46
4	601766	中国南车AH	13.26	+1.21	10.04%	113	6217341	5.97%	12.21
5	600100	同方股份	13.49	+1.23	10.03%	479	2231768	10.78%	12.45
6	600288	大恒科技	13.71	+1.25	10.03%	9969	9969	0.23%	13.71
7	300304	云意电气	17.88	+1.63	10.03%	138437	138437	21.63%	16.41
8	300067	安诺其	11.63	+1.06	10.03%	112660	112660	5.97%	10.79
9	000150	宜华地产	17.56	+1.60	10.03%			2.32%	16.01
10	002189	利达光电	23.49	+2.14	10.02%			6.06%	21.54
11	002324	普利特	24.04	+2.19	10.02%			5.84%	21.90
12	600764	中电广通	10.65	+0.97	10.02%	9	83574	2.53%	9.66
13	002285	世联行	16.36	+1.49	10.02%	550	172550	2.26%	14.87
14	603011	合锻股份	22.29	+2.03	10.02%	4	72098	16.02%	20.26
15	300292	吴通通讯	18.78	+1.71	10.02%	8	6476	1.00%	18.78
16	603555	贵人鸟	20.21	+1.84	10.02%	152113	152113	17.09%	20.21
17	300220	金运激光	30.32	+2.76	10.01%	20	38957	5.97%	27.61
18	002183	怡亚通	17.25	+1.57	10.01%	8	459351	4.66%	15.93
19	603088	宁波精达	36.04	+3.28	10.01%	23174	37838	18.92%	32.78
20	000555	神州信息	47.36	+4.31	10.01%	5	24432	2.70%	44.29

（涨幅榜靠前的股票全部涨停）

图 7-1　沪深 A 股涨幅榜（2014 年 1 月 20 日）

7.1.2　看综合排名选择强势股票

在炒股软件中，投资者还可以查看股票的综合排名信息。其中除了股票的涨幅排名外，还包括股票 5 分钟涨速排名、量比排名等有用的信息。在软件中，全部 A 股综合排名的快捷键为"80+【Enter】"，上证 A 股综合排名的快捷键为"81+【Enter】"，深证 A 股综合排名的快捷键为"82+【Enter】"。

在综合排名的信息中，投资者应该特别注意的是两组数据。

第一，股票 5 分钟涨幅排名。通过这个排名，投资者可以了解过去 5 分钟内大幅上涨的股票品种。这对短线投资者是非常重要的信息。

第二，股票量比排名。量比排名统计的是当日个股成交量对比。通过量比排名与股票涨幅榜对比，投资者可以看出当日哪些股票在大幅上涨的同时成交量也大幅放大，这些股票很可能会成为短期的强势股。投资者可以重点关注其走向。

参考实例：如图 7-2 所示为 2015 年 1 月 20 日盘中的 A 股综合排名窗口。从图中的"5 分钟涨幅排名"可以看到，永大集团（002622）和合金投资（000633）两只股票都属于机械仪表板块。这说明该板块股票在短时间内大幅上涨，是市场上的热点品种。投资者可以重点关注其短期内的走势。

从图中的"今日量比排名"可以看到，当日有几只股票成交量大幅放大。其中云意电气（300304）在涨幅排名中同时出现，东方电缆（603606）虽然没有进入涨幅榜前列，但是最后也以涨停收盘。这种放量涨停的股票是投资者应该重点关注的品种。

今日涨幅排名			5分钟涨幅排名			委比正序排名		
N高发	14.80	43.97%	永大集团	38.69	2.46%	宜华地产	17.56	100.00%
景兴纸业	3.70	10.12%	扬杰科技	26.30	1.74%	神州信息	47.36	100.00%
天茂集团	5.46	10.08%	合金投资	8.04	1.64%	天茂集团	5.46	100.00%
中国南车	13.26	10.04%	莱宝高科	12.64	1.28%	*ST派神	9.53	100.00%
大恒科技	13.71	10.03%	江山化工	6.26	1.13%	景兴纸业	3.70	100.00%
云意电气	17.88	10.03%	华测检测	16.40	0.92%	浔兴股份	16.95	100.00%
今日跌幅排名			5分钟跌幅排名			委比逆序排名		
中信证券	26.66	-9.99%	中京电子	13.80	-2.13%	海通证券	18.66	-100.00%
海通证券	18.66	-9.99%	招商地产	23.17	-2.03%	中信证券	26.66	-100.00%
华泰证券	20.86	-9.89%	首开股份	9.92	-1.98%	国新能源	26.44	-92.91%
广发证券	21.15	-9.42%	锦龙股份	29.00	-1.96%	招商证券	22.19	-90.61%
兴业证券	11.50	-9.02%	长安汽车	19.60	-1.85%	隆鑫通用	8.13	-88.13%
西部证券	28.34	-8.85%	华夏幸福	48.00	-1.84%	华声股份	14.36	-88.20%
今日振幅排名			今日量比排名			总金额排名		
锦龙股份	29.00	14.56%	东方电缆	25.85	7.28	中信证券	26.66	2844153
联建光电	40.25	13.70%	南京港	11.41	7.09	中国平安	68.70	1517372
泛海控股	10.32	13.42%	东富龙	25.08	6.74	海通证券	18.66	1101585
索芙特	8.92	12.00%	云意电气	17.88	6.52	中国南车	13.26	805839
中矿资源	37.65	11.89%	瑞泰科技	11.16	6.06	国信证券	22.17	797112
中科金财	70.30	11.71%	江苏旷达	24.31	5.86	华泰证券	20.86	742397

图 7-2 沪深 A 股综合排名（2015 年 1 月 20 日）

7.1.3 看板块涨幅排名选择强势股票

通过炒股软件，投资者可以查看每个板块整体的涨幅情况，从而了解市场上的强势板块。

参考实例：如图 7-3 所示为 2015 年 1 月 20 日盘中的板块涨幅排名。从图中可以看到，云计算、智慧城市、物联网等多个与高科技相关的板块均大幅上涨。这说明该板块是当日行情中绝对的炒作龙头。投资者可以重点关注其走向。

序号	代码	名称	今开	最新	涨跌	涨幅↓	现手	昨收	今开
1	993926	二线地产	2959.80	3070.48	+156.06	5.35%	2149	2914.42	2959.80
2	993064	医疗器械	4000.45	4163.42	+203.63	5.14%	1031	3959.80	4000.45
3	993738	云计算	3612.40	3757.02	+177.77	4.97%	5442	3579.25	3612.40
4	993068	智慧城市	3941.76	4102.48	+185.99	4.75%	4335	3916.49	3941.76
5	993646	物联网	5211.13	5417.62	+240.61	4.65%	5251	5177.01	5211.13
6	991004	计算机	7048.13	7335.20	+320.87	4.57%	7330	7014.33	7048.13
7	993057	网络安全	4250.06	4376.62	+191.02	4.56%	2191	4185.59	4250.06
8	993586	铁路基建	3568.52	3699.48	+145.83	4.10%	13696	3553.66	3568.52
9	993052	谷歌眼镜	2702.66	2777.73	+108.32	4.06%	3174	2669.41	2702.66
10	993707	电子支付	3688.77	3789.52	+146.17	4.01%	2293	3643.35	3688.77
11	993047	安防	2734.08	2836.05	+109.35	4.01%	1780	2726.70	2734.08
12	993067	大数据	4041.58	4183.51	+161.31	4.01%	4310	4022.21	4041.58
13	993075	次新股	3637.67	3744.38	+141.79	3.94%	6091	3602.60	3637.67
14	993950	在线教育	2585.51	2685.04	+98.91	3.82%	1564	2586.12	2585.51
15	993961	北斗导航	2684.08	2757.09	+95.71	3.60%	723	2661.36	2684.08
16	993033	养老产业	2713.61	2800.45	+95.96	3.55%	4460	2704.49	2713.61
17	993050	互联金融	4723.29	4862.29	+164.61	3.50%	3559	4697.68	4723.29
18	993049	电子商务	3689.51	3786.99	+122.75	3.35%	3648	3664.23	3689.51
19	993590	送转	8423.81	8647.19	+278.03	3.32%	5643	8369.16	8423.81
20	993045	土壤修复	1997.52	2050.97	+65.77	3.31%	2232	1985.20	1997.52

图 7-3　板块涨幅排名（2015 年 1 月 20 日）

在板块涨幅排名的窗口中，投资者还可以查看每个板块中股票上涨情况的明细。通过板块中个股的详细涨跌幅，投资者可以更加全面地了解该板块的涨跌情况。

参考实例：在某日盘中，二线地产板块和物联网板块分别上涨了 5.37% 和 4.58%。这两个板块整体涨幅大致相等。通过其中个股的涨跌情况可以看到，二线地产板块除了一只股票涨停、两只股票涨幅在 8% 以上外，其他股票涨幅都比较小。而物联网板块的整体涨幅比较平均，大多数股票的涨幅都比较大。这样的情况说明物联网板块整体来看要强于二线地产板块。如图 7-4、图 7-5 所示。

序号	代码	名称	今开	最新	涨跌	涨幅	现手	昨收	今开
1	993926	二线地产	2959.80	3070.87	+156.45	5.37%	1783	2914.42	2959.80
1	000540	中天城投	11.49	12.00	+0.90	8.11%	246	11.10	11.49
2	000671	阳光城	12.03	12.28	+0.31	2.59%	8	11.97	12.03
3	000718	苏宁环球	5.94	6.05	+0.11	1.85%	5	5.94	5.94
4	000931	中关村	8.44	8.70	+0.29	3.45%			
5	000979	中弘股份	4.02	4.11	+0.09	2.24%		个股涨幅不平均	
6	002244	滨江集团	7.31	7.30	+0.10	1.39%	92673	7.20	7.31
7	002285	世联行	14.87	16.36	+1.49	10.02%	25573	14.87	14.87
8	600067	冠城大通	7.26	7.32	+0.13	1.81%	3	7.19	7.26
9	600208	新湖中宝	7.47	7.95	+0.65	8.90%	188	7.19	7.47
10	600246	万通地产						5.32	
11	600322	天房发展	4.19	4.24	+0.08	1.92%	22	4.16	4.19
12	600657	信达地产	7.65	7.69	+0.28	3.78%	8	7.41	7.65
13	600743	华远地产	3.90	3.91	+0.06	1.56%	21	3.85	3.90
2	993064	医疗器械	4000.45	4167.62	+207.83	5.25%	919	3959.80	4000.45
3	993738	云计算	3612.40	3758.44	+179.19	5.01%	11288	3579.25	3612.40
4	993646	物联网	5211.13	5418.88	+241.88	4.67%	3882	5177.01	5211.13
5	993068	智慧城市	3941.76	4098.79	+182.30	4.65%	3866	3916.49	3941.76

图 7-4　二线地产板块涨幅排名

第7章 短线看盘技巧

日	5	993646	物联网	5211.13	5414.24	+237.23	4.58%	6778	5177.01	5211.13
	1	000301	东方市场	4.50	4.55	+0.10	2.25%	50	4.45	4.50
	2	000507	珠海港	8.25	8.58	+0.33	4.00%	1	8.25	8.25
	3	000682	东方电子	4.51	4.62	+0.11	2.44%	113229	4.51	4.51
	4	000701	厦门信达	11.71	11.90	+0.29	2.50%	29453	11.61	11.71
	5	000851	高鸿股份	12.12	12.25	+0.25	2.08%	122964	12.00	12.12
	6	000988	华工科技	11.68	11.95	+0.45	3.91%	15	11.50	11.68
	7	000997	新大陆	29.68	31.89	+2.51	8.54%			29.68
	8	002017	东信和平	14.24	14.65	+0.41	2.88%	53249	14.24	14.24
	9	002049	同方国芯	28.40	29.40	+1.30	4.63%	52	28.10	28.40
	10	002055	得润电子	11.50	12.03	+0.74	6.55%	36	11.29	11.50
	11	002058	威尔泰	12.42	12.58	+0.16	1.29%	12556	12.42	12.42
	12	002073	软控股份	12.50	13.20	+0.80	6.45%	8	12.40	12.50
	13	002079	苏州固锝	7.18	7.33	+0.20	2.81%	93246	7.13	7.18
	14	002104	恒宝股份	13.16	13.80	+0.72	5.50%	25	13.08	13.16
	15	002115	三维通信	8.57	8.80	+0.20	2.33%	43	8.60	8.57

个股涨幅均等

图 7-5 物联网板块涨幅排名

7.1.4 看阶段涨幅选择强势股票

无论是涨幅榜、综合排名还是板块涨幅排名,都只能显示一个交易日内的涨跌幅对比情况。如果投资者要查看一段时间内的涨跌幅对比排名,则可以利用股票软件的阶段统计功能。

在查看股票的阶段涨幅排名时,投资者需要注意以下两点。

第一,通过股票涨幅了解大盘整体行情。如果一段时间内,市场上有大量股票均大幅上涨,则说明这个阶段的市场整体十分强势;如果上涨的股票数量较少,且涨幅比较有限,则说明这个阶段的市场整体较弱。

第二,通过个股上涨寻找强势板块。如果在涨幅榜排名靠前的股票中有多只都属于同一个板块,则说明该板块是市场上的炒作热点也是投资者应该重点关注的对象。从中期来看,如果一只股票上涨得不到同板块其他股票的配合,则其上涨很难持续很长时间。这种股票的操作难度较大,不值得关注。

参考实例:2014年12月,大盘指数大幅上涨。投资者利用股票软件可以统计出当月所有股票涨幅排名。从涨幅排名中可以看出,有13只股票的单月涨幅达到80%以上,其中有1只股票单月涨幅超过100%。这说明这一个月内的大盘整体都十分强势。如图7-6所示。

此外,在涨幅前10名的股票中,包括3只建筑块股票、2只证券行业股票。这说明建筑和证券两个板块都是此段时间内的炒作热点。这两个板块和排名靠前的几只股票，都是投资者应该重点观察的品种。

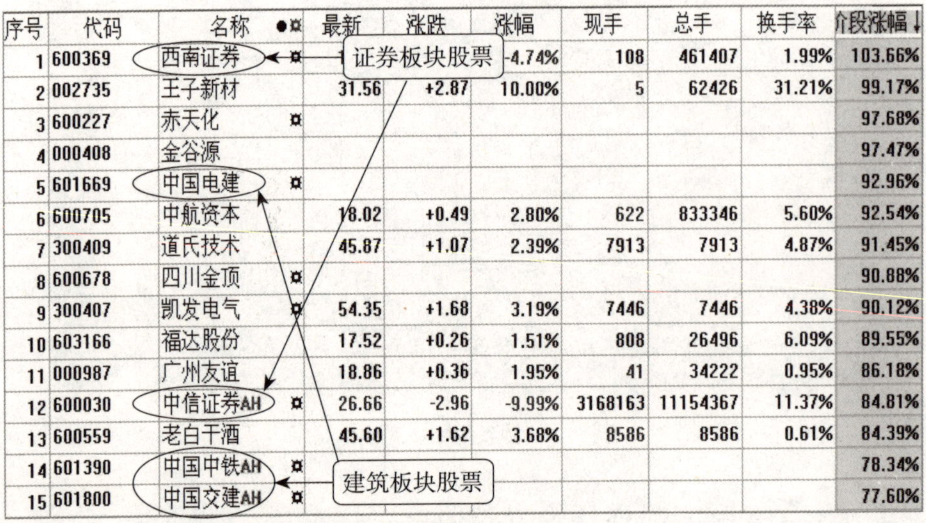

序号	代码	名称	●	最新	涨跌	涨幅	现手	总手	换手率	阶段涨幅↓
1	600369	西南证券	✿			-4.74%	108	461407	1.99%	103.66%
2	002735	王子新材		31.56	+2.87	10.00%	5	62426	31.21%	99.17%
3	600227	赤天化	✿							97.68%
4	000408	金谷源								97.47%
5	601669	中国电建	✿							92.96%
6	600705	中航资本		18.02	+0.49	2.80%	622	833346	5.60%	92.54%
7	300409	道氏技术		45.87	+1.07	2.39%	7913	7913	4.87%	91.45%
8	600678	四川金顶	✿							90.88%
9	300407	凯发电气		54.35	+1.68	3.19%	7446	7446	4.38%	90.12%
10	603166	福达股份		17.52	+0.26	1.51%	808	26496	6.09%	89.55%
11	000987	广州友谊		18.86	+0.36	1.95%	41	34222	0.95%	86.18%
12	600030	中信证券AH	✿	26.66	-2.96	-9.99%	3168163	11154367	11.37%	84.81%
13	600559	老白干酒		45.60	+1.62	3.68%	8586	8586	0.61%	84.39%
14	601390	中国中铁AH	✿							78.34%
15	601800	中国交建AH	✿							77.60%

图 7-6　阶段涨幅排名（2014 年 12 月 1 日至 2014 年 12 月 31 日）

7.1.5　看叠加大盘走势选择强势股票

通过将个股走势和大盘走势叠加在一起，投资者可以更加清楚地了解个股走势强弱。

当大盘持续下跌时，如果个股能够横盘整理或者小幅上涨，则说明该股的表现强于大盘。未来一旦大盘进入上涨行情，该股往往能够成为领涨的龙头。

当大盘刚刚结束下跌，进入上涨行情时，如果个股能够先于大盘见底上涨，并且涨幅强于大盘，则说明该股比大盘更加强势，是投资者应该重点关注的对象。

参考实例 1：2014 年 3 月，连云港（601008）股价下跌到底部区域后，先于大盘几个月见底。随后该股在低位放量上涨同期大盘指数还在持续盘整下跌，显示出强于大盘的走势。此时投资者可以积极买入股票。7 月开始，整个市场逐渐见底反弹。此时连云港成为领涨的龙头股。如图 7-7 所示。

第 7 章 短线看盘技巧

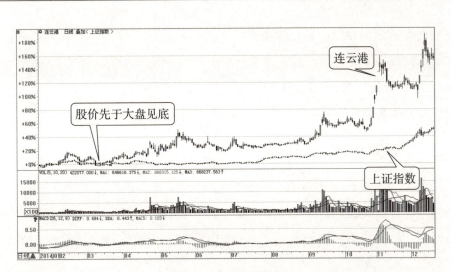

图 7-7 连云港日 K 线

参考实例 2：2014 年 7 月，上证指数见底反弹。华东电脑（600850）虽然没有先于大盘见底，但是在大盘反弹的过程中其股价连续涨停，显示出远强于大盘的强势上涨势头。对这种股票，投资者可以重点关注。一旦大盘再次上涨，就可以积极追高买入。如图 7-8 所示。

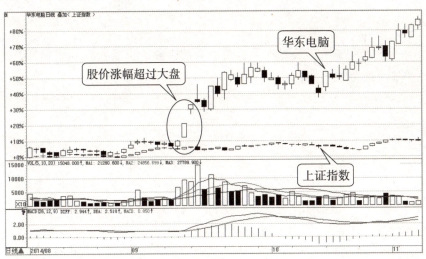

图 7-8 华东电脑日 K 线

7.2 怎样判断股价的突破

当一些股票的价格突破前期高点、重要阻力线或者整理区间后，其股价往往能在短期内持续上涨。这类股票是投资者短线操作很好的目标。不过，在很多情况下，股价突破后并不会持续上涨，而是进入下跌行情，形成假突破。当突破形态出现时，如果投资者发现了以下几种盘面特点，则该形态完成后股价继续上涨的可能性会更高。

7.2.1 放量突破

如果股价向上突破的同时成交量放大，说明多方正在强势拉升股价。这样的情况下该突破形态的可靠性更高。股价放量向上突破后，可能会缩量小幅回抽，但回抽不跌破原来向上突破的价位就会继续上涨。在继续上涨时，成交量会再次放大。

参考实例：2014年4月至6月，联建光电（300269）股价多次上涨到几乎同一个价位后都遇到阻力。这证明该价位是股价上涨的重要阻力位。如图7-9所示。

6月26日，股价向上突破阻力位，同时成交量大幅放大。这是该股未来会持续上涨的信号。成交量放大说明多方力量十分强势，该形态的看涨信号会更加可靠。

股价向上突破后，又出现了缩量回调的走势。当股价回调到前期高点位置时获得支撑，再次放量上涨。

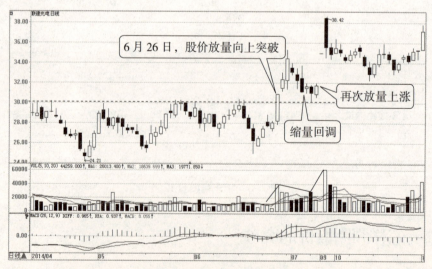

图7-9　联建光电日K线

7.2.2 涨停突破

如果股价向上突破的当日还能够大幅上涨,最终达到涨停的价格,则说明此次上涨十分强势。如果股价能够以涨停开盘,并且整个交易日都被封在涨停板上,形成涨停一字线,则该形态的看涨形态会更加可靠。

参考实例:2014 年 9 月 9 日,我武生物(300357)股价强势涨停,同时突破了前期高点,创出阶段新高。这样的形态说明股价被多方力量强势拉升。因为是以涨停完成突破的,所以该突破的可信度较高。如图 7-10 所示。

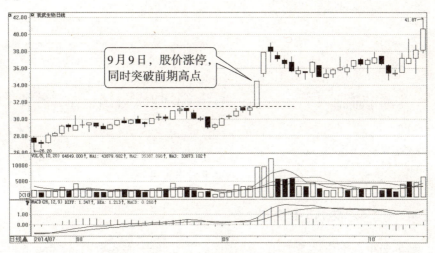

图 7-10　我武生物日 K 线

7.2.3 突破后回抽

如果股价突破某个重要位置后能够小幅回抽,并且回抽不跌破突破时的价位就再次上涨,则该突破形态会更加可靠。

投资者可以将回抽作为对之前突破形态的确认。当股价回抽到前期突破的阻力位获得支撑时,说明该阻力位已经变成支撑位。该股未来会持续上涨。

参考实例:2014 年 5 月,千方科技(002373)股价上涨到其 60 日均线附近遇到阻力。这样的形态说明该均线是股价上涨重要的阻力位。5 月底,股价经过一段时间的调整后突破了该均线的阻力。这样的形态标志着该股由下跌行情进入上涨行情,是看涨买入信号。如图 7-11 所示。

7月，股价小幅回抽到60日均线附近后获得支撑，再次上涨。这次回抽是对之前突破形态的确认，说明60日均线已经由股价上涨的阻力线变成股价下跌的支撑线。经过回抽确认后，股价向上突破的形态会更加可靠。

8月底，股价下跌到60日均线位置时再次获得支撑。这是对该支撑位的又一次确认。

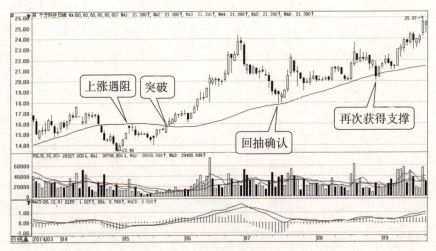

图 7-11　千方科技日 K 线

7.2.4　技术指标同步突破

如果股价向上突破重要阻力位的同时，其技术指标也完成了重要的突破形态，则这样的突破会十分可靠。常见的技术指标突破形态包括：短期均线突破长期均线，MACD 指标中的 DIFF 线突破 DEA 线，KDJ 指标中的指标线 K 突破指标线 D，等等。

参考实例：2014 年 10 月 31 日，正泰电器（601877）股价向上突破 60 日均线。与此同时，其 MACD 指标中的 DIFF 线也向上突破了 DEA 线，形成金叉形态。MACD 金叉是对突破形态的确认。这样的情况下该突破形态会更加可靠。如图 7-12 所示。

第 7 章 短线看盘技巧

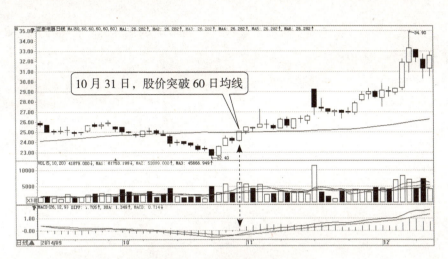

图 7-12 正泰电器日 K 线

7.2.5 突破得到大盘配合

如果股价向上突破某个阻力位的同时大盘也持续上涨，并突破某个类似的阻力位，则该突破形态的看涨信号会更加可靠。

除了股价突破得到大盘的配合外，如果股票向上突破的同时，同板块其他相似的股票也大幅上涨，则该突破形态的看涨信号也会更加可靠。

参考实例 1：2014 年 10 月 31 日，浦发银行（600000）向上突破前期高点的同时，大盘也突破了前期几乎同一时间形成的高点。大盘向上突破是对个股突破行情的验证时该突破形态的可靠性会更高。如图 7-13 所示。

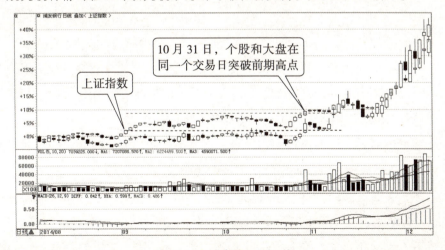

图 7-13 浦发银行日 K 线

参考实例 2：在浦发银行向上突破的同一个交易日，银行板块的另一只股票北京银行（601169）的股价也突破前期高点，形成买入信号。这两只股票的突破形态相互确认。此时该形态的看涨信号会更加可靠。如图 7-14 所示。

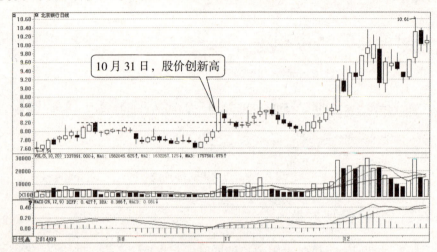

图 7-14　北京银行日 K 线

7.3　如何确定短线的顶部

投资者在看盘过程中，可能会看到一些非常典型的看跌形态。一旦这类顶部形态出现，投资者就可以断定股价在短期内已经见顶，此时需要尽快卖出手中的股票。

7.3.1　上涨过程中成交量萎缩

如果在股价上涨过程中成交量逐渐萎缩，则说明随着股价上涨，追高买入的投资者越来越少，股价上涨的动力不足。如果此时 MACD 指标也与股价形成顶背离形态，则未来股价见顶下跌的可能性会更大。

在股价缩量上涨的过程中，投资者可以逐渐卖出股票减仓。一旦股价开始见顶下跌，投资者就应该果断清空手中的股票。

参考实例：2014 年 1 月，石基信息（002153）股价在上涨过程中创出新高，同时其成交量却无法创新高，反而有萎缩的趋势。这说明随着股价上涨，追高买入的投资者越来越少，股价上涨动力不足，有见顶下跌的趋势。如图

7-15 所示。

成交量萎缩的同时，该股的 MACD 柱线也与股价形成了顶背离形态。这更加确认了股价已经见顶。在缩量上涨的形态确定后，投资者可以逐渐减仓。

2月18日，股价经过无力的反弹后出现了大幅下跌的走势。这是上涨行情已经结束的信号。此时投资者应该尽快将手中的股票清空。

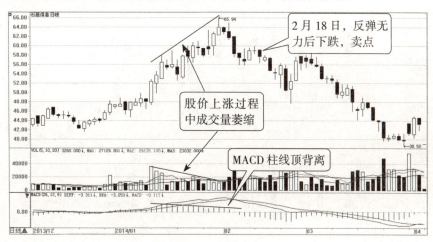

图 7-15　石基信息日 K 线

7.3.2　跌破支撑位后反弹

如果股价在顶部横盘整理过程中多次在同一个价位获得支撑，则该价位就成为股价的重要支撑位。一旦股价跌破该支撑位，就是即将见顶下跌的信号。此外，如果股价跌破支撑位后小幅反弹，在反弹过程中成交量持续萎缩，且股价没有突破前期支撑位就遇阻下跌，则股价见顶下跌的形态会更加可靠。

这种反弹行情可以被当作是对之前跌破形态的确认。当股价反弹遇阻时，说明市场上虽然有抄底的买盘进入，但是其力量很小，不足以持续拉升股价，股价已经进入了持续下跌行情。看到这样的形态，投资者需要尽快卖出手中的股票。

参考实例：2014年2月至3月初，科冕木业（002354）股价在高位横盘整理。在整理过程中，股价多次下跌到几乎同一价位获得支撑反弹。该价位成为股价在顶部的重要支撑线。

3月10日，股价跌破支撑线。这是股价见底后开始下跌的信号。此时投资者应该尽快将手中的股票卖出。随后，该股股价小幅反弹。在反弹过程中，成交量持续萎缩，并且股价反弹到前期支撑线附近就遇到阻力下跌。这次反弹是跌破形态的再次确认。此时，该股见顶的信号已经可以确定。如图7-16所示。

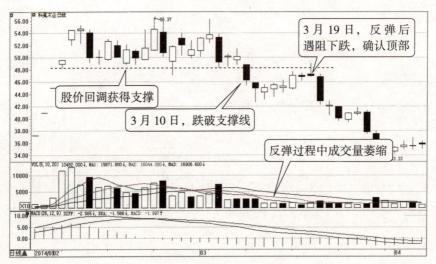

图7-16　科冕木业日K线

7.3.3　用黄金分割线辅助判断

在常见的底部形态（双底、三重底、头肩底等）或者顶部形态（双顶、三重顶、头肩顶等）中，都有一条颈线。一旦股价突破或者跌破颈线，就意味着行情已经反转，形成买入或者卖出股票的机会。

股价突破或者跌破颈线后，可能回抽，但也不是肯定回抽。利用回抽的机会进行分笔操作，可以帮助投资者回避交易风险。但是如果回抽行情没有出现，则投资者就会失去另一个买入或者卖出机会，打乱自己的操作计划。如果投资者使用黄金分割线辅助判断，就可以解决这个问题。

当确定顶部形态的颈线时，除了常见的画线方法外，投资者还可以尝试使用黄金分割线作为颈线。例如在头肩顶形态中，投资者可以从头部的高点至回调低点画黄金分割线。如果股价跌破颈线后，没有继续跌破161.8%的位置就获得支撑反弹，说明回抽行情开始。当回抽见顶时第二个卖点出现；如果股价跌破颈线后,没有在161.8%位置获得支撑就继续下跌,则说明该形态没有回抽,投资者应该尽快卖出手中的股票。

参考实例1:2014年11月,世纪鼎利(300050)日K线图上出现了双顶形态。这是十分典型的顶部形态。投资者可以自双顶的高点至回调的低点位置做一组黄金分割线。其中回调低点位置的黄金分割线就是该形态的颈线。如图7-17所示。

12月9日,股价跌破黄金分割的颈线。为了避免踏空风险,投资者可以采用分笔交易策略,先将手中的股票卖出一部分。

随后,股价下跌到161.8%的黄金分割线位置获得支撑开始反弹。12月16日,股价反弹遇阻后再次下跌。这是对之前看跌形态的确认。此时投资者应该尽快清空手中的股票。

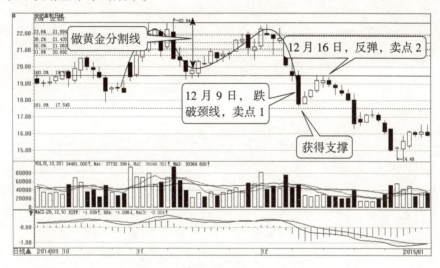

图7-17 世纪鼎利日K线

参考实例2:2014年8月至10月,比亚迪(002594)的股价在顶部区域形成了双顶形态。这是未来股价会见顶下跌的信号。投资者可以自双顶的高点至回调的低点做一组黄金分割线。如图7-18所示。

10月14日,股价跌破双顶的颈线,顶部确立。此时投资者可以选择分笔出货策略,先将手中的股票卖出一部分。随后,股价在161.8%的黄金分割线位置并未获得支撑,因此也就没有反弹的走势。11月11日,股价跌破161.8%的黄金分割线。这意味着下跌行情已经开始,不会再有反弹行情出现。

此时投资者应该尽快清空手中的股票。

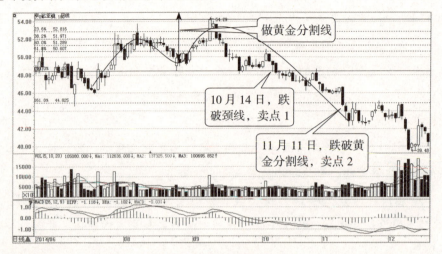

图7-18 比亚迪日K线

当顶部形态失败,股价再次上涨时,投资者也可以将黄金分割线作为判断上涨形态是否确立的标志。

参考实例:2014年9月至10月,山推股份(000680)股价在高位形成了双顶形态。这个形态是股价见顶的信号。投资者从双顶形态的高点至回调低点可以做一组黄金分割线。如图7-19所示。

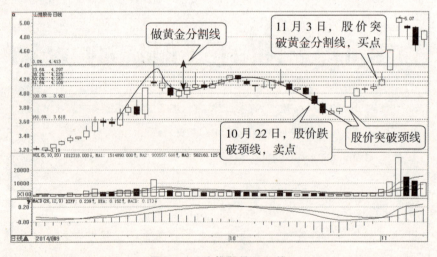

图7-19 山推股份日K线

10月22日,股价跌破双顶形态的颈线。此时为了避免踏空,投资者可以先将手中的股票卖出一部分。股价下跌后并没有跌到161.8%的黄金分割线位置就开始反弹。随后,股价突破了双顶形态的颈线。这意味着双顶形态失败。不过为了回避风险,这时投资者还是应该冷静观望。

11月3日,股价突破了61.8%的黄金分割线。这标志着上涨趋势重新形成。此时投资者可以将10月22日卖出的部分股票买回。因为当时还保留了一定的仓位,所以投资者可以部分回避踏空这段行情的损失。

7.3.4 假突破后下跌

当股价放量突破前期高点或者重要的阻力价位时,说明股价被强势拉升,未来将持续上涨,这是看涨买入股票的信号。不过,这种突破形态也经常被庄家用来制造骗线,诱骗散户追高买入,自己则在顶部完成出货。

一旦股价突破某重要阻力位后无法持续上涨,而是再次跌回原来的阻力位下方,就说明这是庄家的诱多手法。这种股价走势被称为假突破。当假突破出现时,投资者可以确定股价已经见顶,未来将持续下跌,此时应该尽快将手中的股票卖出。

参考实例:2014年8~9月,安洁科技(002635)股价先后两次上涨到同一高位,形成一个阶段性高点,成为上涨重要的阻力位。9月9日,股价向上突破了阻力位。这本来应该是一个看涨信号。但股价突破后没有持续上涨,第二个交易日即跌回阻力下方,9月9日的突破为假突破。如图7-20所示。

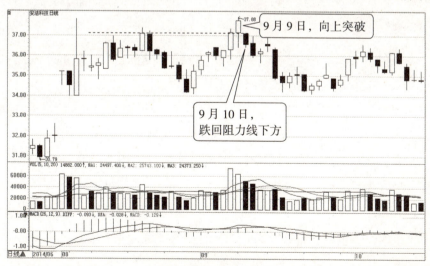

图7-20 安洁科技日K线

假突破形态说明庄家在此位置诱多散户，自己则逢高出货，未来股价将遭到持续打压。看到这样的形态后，投资者应该尽快将手中的股票卖出。

7.3.5 多个技术指标同时看跌

不同的技术指标可以从不同的角度分析股价动向。在股价持续上涨后的顶部区域，如果多个技术指标同时形成了看跌信号，则说明从多个角度考察，该股都已经出现了下跌的趋势。此时股价见顶的信号已经可以确定。

参考实例1：2014年10月初，华灿光电（300323）股价上涨到高位后遇到较大阻力。10月15日，股价放量下跌，此时持股投资者应保持警惕。10月20日，其均线和MACD指标同时完成了死叉形态。这说明从多个角度考虑，该股都已经逐渐走弱，下跌行情得到确认。该形态完成后，投资者应该尽快将手中的股票卖出。如图7-21所示。

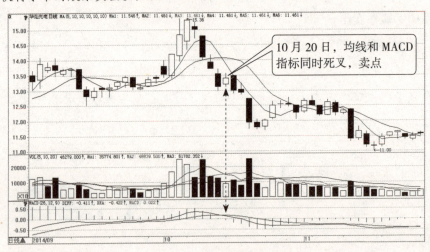

图7-21 华灿光电日K线

参考实例2：2014年10月初，中瑞思创（300078）股价上涨到BOLL指标的上轨附近后遇到较大阻力。10月10日，股价在巨大压力的打压下开始下跌。同日，该股的KDJ指标也在高位形成了死叉形态。这两个看跌信号同时出现，说明从不同的角度考虑，该股都出现了走弱的趋势。此时股价见顶下跌的趋势基本可以确定，投资者宜卖出股票。如图7-22所示。

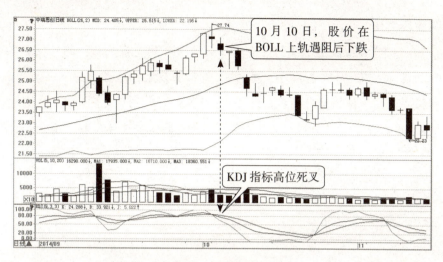

图 7-22 中瑞思创日 K 线

7.4 怎样进行短线波段操作

在股价反复波动的过程中,投资者可以在低位买入股票,高位卖出,随着股价波动进行频繁的短线买卖操作,赚取差价。经过持续的波段操作,投资者可以在股价涨幅不大的震荡行情中获得不错的收益。

在波段操作时,常用的分析方法包括阻力线和支撑线、均线、BOLL 指标等。

7.4.1 看阻力线和支撑线做波段操作

在个股震荡上涨或者持续震荡横盘的过程中,如果投资者可以画出股价上涨的阻力线和股价下跌的支撑线,就可以在两条线之间的区域内进行波段操作。当股价下跌到下方的支撑线获得支撑上涨时,是投资者波段买入股票的机会;当股价上涨到上方的阻力线遇到阻力下跌时,是投资者波段卖出股票的机会。

需要注意的是,只有在持续上涨或者横盘整理的行情中,投资者才可以利用股价的阻力和支撑进行波段操作。如果股价持续震荡下跌,即使其震荡区间较大,投资者介入也需要面对较大风险。

参考实例 1:2014 年 6 月至 9 月,鸿博股份(002229)的股价在一个较大区间内反复震荡。将这段时间震荡的高点和低点分别用直线连接起来,可以得到一条阻力线和一条支撑线。利用这样的震荡区间,投资者可以进行短线的波段操作。如图7-23所示。

10月13日，股价下跌到前期支撑线位置获得支撑反弹。此时投资者可以积极买入股票。10月17日，股价上涨到前期阻力线位置遇到阻力下跌。此时投资者应该尽快卖出股票。

10月27日，股价跌破阻力线。此时该上升通道被破坏，不再有参考价值。

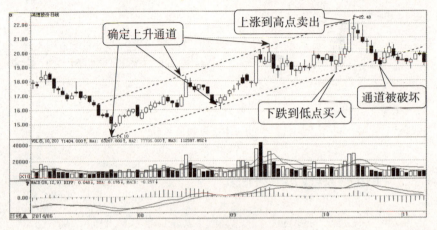

图7-23　鸿博股份日K线

参考实例2：2014年10月至12月，杰瑞股份（002353）股价持续震荡下跌。在震荡过程中，投资者可以做出一条下跌的支撑线和上方的阻力线。在随后的行情中，虽然股价多次在通道内反复波动，但受于上方支撑线限制，每次反弹时的上涨幅度都很小。对于这种短线反弹的机会，并不值得投资者介入操作。如图7-24所示。

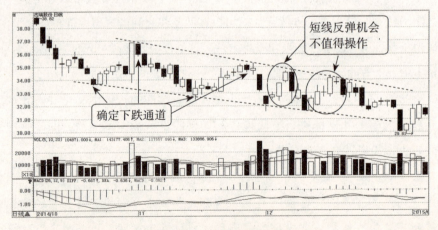

图7-24　杰瑞股份日K线

7.4.2 看均线指标做波段操作

投资者可以以 20 日均线或者 30 日均线为依据，进行短线的波段操作。当股价向上突破均线时，说明上涨行情开始，投资者可以积极买入股票；当股价跌破均线时，说明下跌行情开始，投资者应该尽快将手中的股票卖出。

在选择操作参照的均线周期时，投资者可以结合过去该股的走势进行判断。如果在过去的行情中，20 日均线能起到较强的阻力或者支撑作用，投资者就可以选择 20 日均线；如果 30 日均线能起到较强的阻力或者支撑作用，投资者就可以选择 30 日均线。此外，根据市场行情不同，投资者还可以选择 13 日均线、21 日均线或 34 日均线等特殊周期。

在进行波段操作的同时，投资者除了关注股价和均线的相对位置外，最好再选择一条中长期均线辅助判断，例如 60 日均线或者 120 日均线。当股价和短期均线都处于中长期均线上方时，说明该股处于持续上涨的行情中，此时投资者可以从容地进行波段操作；当股价和短期均线均处于中长期均线下方时，说明该股处于持续的下跌行情中，此时投资者波段操作的空间有限，应该谨慎入市。

参考实例 1：2014 年 8 月至 9 月，北京城建（600266）股价多次在 20 日均线位置获得支撑。在随后的行情中，投资者可以以该均线为基础进行短线操作。如图 7-25 所示。

10 月 31 日，股价向上突破 20 日均线。这说明股价进入上涨行情。此时是投资者波段买入股票的机会。2015 年 1 月 6 日，股价经过一段整理行情后跌破了 20 日均线。这说明股价进入下跌行情，此时是投资者波段卖出股票的机会。

在投资者波段操作的过程中，股价和 20 日均线都一直处于 60 日均线上方。这说明这段时间内该股行情持续强势。投资者可以放心地进行波段操作。

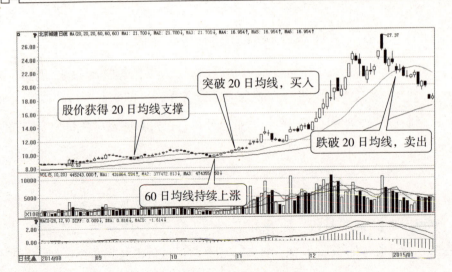

图 7-25 北京城建日 K 线

参考实例 2：2014 年 12 月，群兴玩具（002575）的股价多次突破其 20 日均线，出现波段操作机会。不过此时股价和 20 日均线都一直处于 60 日均线下方，这说明股价长期来看持续下跌。因此投资者对这类波段机会应该谨慎操作。如图 7-26 所示。

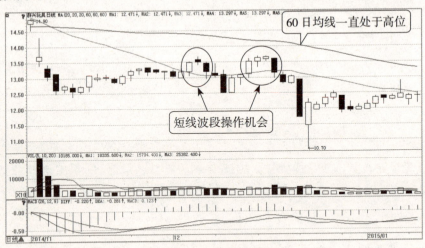

图 7-26 群兴玩具日 K 线

7.4.3 看 BOLL 指标做波段操作

当股价在 BOLL 指标中轨和上轨之间的通道中反复震荡时，说明该股处于持续的上涨行情中。此时投资者也可以进行波段操作。每次股价在中轨附近获得支撑时买入股票,当股价上涨到通道上轨遇到阻力时,投资者应将手中的股票卖出。

参考实例:2014年11月至12月,英唐智控(300131)股价一直在BOLL指标的中轨和上轨间反复震荡。投资者可以在震荡的过程中进行波段操作。当股价下跌到BOLL中轨获得支撑时,积极买入股票。当股价上涨到BOLL上轨遇到阻力时,就尽快将手中的股票卖出。如图7-27所示。

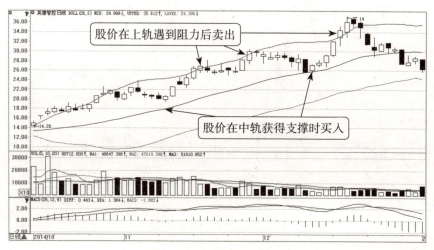

图7-27 英唐智控日K线

7.5 如何在弱势中抢短线反弹

在持续下跌的弱势行情中,投资者可以寻找一些股价反弹的机会进行短线操作。在弱势中抢反弹时,投资者一定要注意控制风险。如果股价反弹失败,投资者即使割肉也必须尽快将手中的股票卖出。

7.5.1 看K线形态抢反弹

在一段下跌行情之后,如果K线图上出现了锤头线、早晨之星等看涨K线组合,则投资者可以积极买入,进行短线操作。

假如K线组合的看涨信号不强,那么该形态完成一段时间后,如果没有其他比较强势的看涨信号出现,则投资者应该谨慎操作。当有看跌的K线形态出现时,投资者应该尽快将手中的股票卖出。未来股价将会继续下跌。

参考实例：2014年8月27日至28日，天玑科技（300245）日K线图上连续出现了两个倒锤头线。这个形态说明股价下跌后获得支撑，是看涨信号。此时投资者可以积极买入股票，寻求短线反弹的机会。如图7-28所示。

9月9日至12日，该股上涨受阻，K线图上出现了一个早晨之星的变形形态。这样的形态出现后，投资者应该尽快将手中的股票卖出。

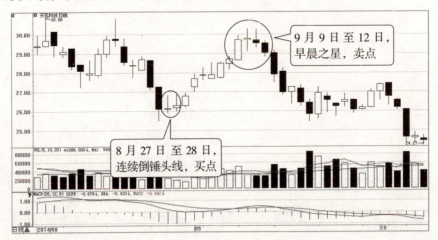

图7-28 天玑科技日K线

7.5.2 看技术指标抢反弹

KDJ、RSI等技术指标是在弱势中抢反弹的很好选择。当这些技术指标长期处于超卖区间的时候，说明市场行情极度弱势。不过这种反常的弱势行情可能难以持续。一旦指标结束超卖状态，就是股价即将反弹的标志。此时投资者可以积极买入股票。

如果股价经过小幅反弹后再次进入弱势行情，技术指标也完成了高位死叉形态，则说明下跌行情还将继续。此时投资者应该将手中的股票尽快卖出。

参考实例1：2014年10月开始，铁岭新城（000809）KDJ指标中的指标线K和指标线D持续在20以下的超卖区间纠缠。这表明卖方力量极度强势，但有可能后劲不足。如图7-29所示。

11月6日，指标线K突破20，结束超卖状态。此时投资者可以积极买入股票，进行短线操作。11月25日，指标线K跌破80，同时KDJ指标在高位完成死叉形态。这是反弹行情已经结束的信号。此时投资者应该将手中的股票卖出。

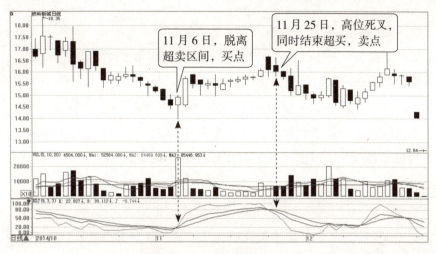

图 7-29　铁岭新城日 K 线

参考实例 2：2014 年 10 月至 11 月，北纬通信（002148）的 6 日 RSI 指标线在低位持续整理一段时间后，连续突破了 12 日和 24 日两条 RSI 指标线，形成金叉形态。这样的形态是底部看涨信号，投资者可以积极买入股票。如图 7-30 所示。

12 月 5 日，6 日 RSI 指标线在高位连续跌破了 12 日和 24 日两条 RSI 指标线，形成高位死叉。这说明反弹行情已经结束，未来股价将继续下跌。此时投资者应该尽快将手中的股票卖出。

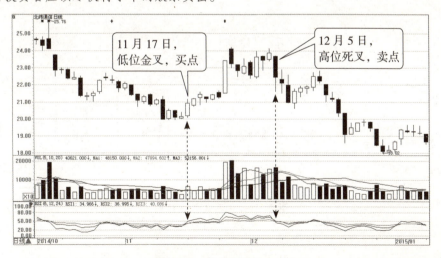

图 7-30　北纬通信日 K 线

7.5.3 看强势板块走势抢反弹

在大盘持续下跌的行情中,如果某个板块的多只股票能同时强势上涨,则市场有望反弹。对于这些强势板块和强势股票,投资者可以多加关注。如果强势股票上涨一段时间后,整个市场的做多氛围都被带动起来,指数见底反弹,则投资者可以选择强势板块中的强势股票积极买入。

在持续的下跌行情之后,这种强势股票上涨即使能得到大盘整体配合也难以持续太长时间。因此,投资者在操作这类股票时,一定要控制好投资风险。

参考实例:2014年10月开始,券商板块中的多只股票强势上涨。长江证券(000783)是这轮上涨的龙头。在大盘持续横盘整理的行情中,当出现这种整个板块股票同时上涨的行情时,投资者可以重点关注。如图7-31所示。

11月底,券商板块的股票经过小幅调整后,再次发力上涨。而且这次上涨还带动了整个大盘的反弹行情。在这种情况下,投资者可以积极买入股票。

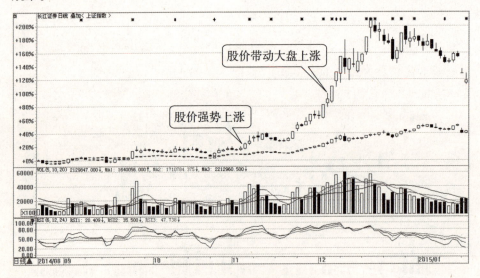

图7-31 长江证券日K线

7.5.4 看成交量变化抢反弹

成交量变化往往被看成是股价涨跌的先行指标。当股价在弱势行情中反弹时，如果成交量持续放大，说明强势行情还在继续。此时已买入股票的投资者可以继续持有，未买入股票的投资者也可以适当追高买入。

当股价反弹时，如果成交量突然放大后就持续萎缩，则说明拉升股价的多方力量越来越弱。此时投资者不宜再追高买进，已持有股票的投资者也应该选择合适的机会将股票卖出。

参考实例1：2014年11月，德力股份（002571）股价见底反弹的同时，其成交量也同步放大。这样的形态说明股价上涨动能逐渐增强。投资者可以积极追高买入。如图7-32所示。

进入12月后，股价上涨速度越来越慢，同时成交量也没有继续放大的趋势。此时投资者不宜再继续追高。已经持有股票的投资者则需要保持谨慎，选择合适的机会逐渐卖出股票。

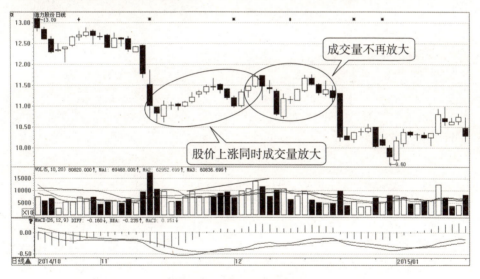

图7-32 德力股份日K线

参考实例2：2014年12月，天齐锂业（002466）股价在持续下跌行情中出现了反弹行情。当股价反弹时，其成交量却在突然放大后形成了持续萎缩的形态。这样的形态说明推升股价上涨的多方力量后劲不足，是上涨行情难以持续的信号。看到这个信号，已经持有股票的投资者可以选择机会逢高卖出，还没买入股票的投资者则不应该再追高买入。如图7-33所示。

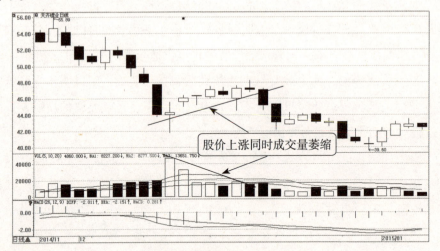

图7-33 天齐锂业日K线

第 8 章
跟庄技巧

8.1 如何发现庄家操盘的迹象

庄家操纵大量的资金进出股市，其在操盘时难免会在盘面上留下各种痕迹。投资者通过这些痕迹可以判断一只股票是否有庄家操作，庄家操作的目标是什么，从而确定自己的跟庄策略。

8.1.1 分时走势的坐庄迹象

当一只股票在一段时间内出现与大盘完全相反的走势时，投资者就可以确定这只股票中有庄家在操纵股价。如果大盘指数上涨而股票价格下跌，说明有庄家在打压股价；如果大盘指数下跌而股票价格上涨，则说明有庄家在拉升股价。

参考实例 1：2015 年 1 月 21 日，广晟有色（600259）股价与上证指数形成了几乎同涨同跌的行情，只是二者每次涨跌的幅度略有不同。这样的形态说明该股中并没有庄家在操作，或者虽然有庄家操作，但庄家在这个交易日并没有刻意影响股价。如图 8-1 所示。

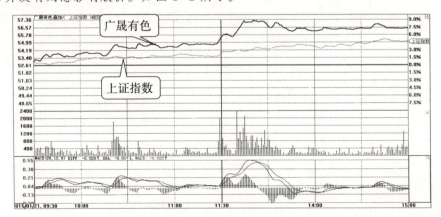

图 8-1 广晟有色日 K 线

参考实例2：2015年1月21日，乐视网（300104）股价出现了两段与大盘差别很大的独立行情。刚开盘时，上证指数低开后缓慢上涨，而乐视网股价则在盘整一段时间后被快速打压。下午开盘后，上证指数持续上涨，乐视网股价则持续回调整理。这样的独立行情说明有庄家在盘中集中将股价向下打压。如图8-2所示。

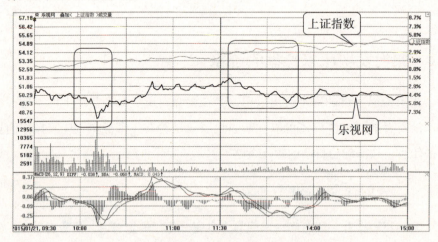

图8-2　乐视网日K线

8.1.2　成交量的坐庄痕迹

当一只股票的成交量在毫无征兆的情况下突然放大时，就说明这只股票中有庄家存在，并且庄家正在集中力量操纵股价。庄家操纵成交量大幅放大的目的有可能是真的要大力拉升或者打压股价，但更大的可能则是要借机吸引散户，影响散户的判断。有时庄家为了制造放量上涨的迹象，会特意在盘中不断自买自卖，抬高成交量水平。

参考实例：2014年11月5日，润邦股份（002483）的成交量异常放大。这是有庄家在盘中集中力量操纵股价的信号。如图8-3所示。而通过观察分时走势图可以发现，当日润邦股份的成交量多数都集中在刚开盘的几分钟内。如图8-4所示。这也可以说明是有庄家在集中操纵股价。

庄家在此位置交易大量股票，造成股价快速。从这个形态中投资者可以判断，庄家借助前一个家交易日的涨停，吸引大量散户买入，自己则在当日一开盘就抛出股票，完成出货。

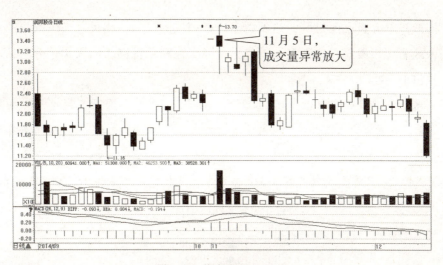

图 8-3　润邦股份日 K 线

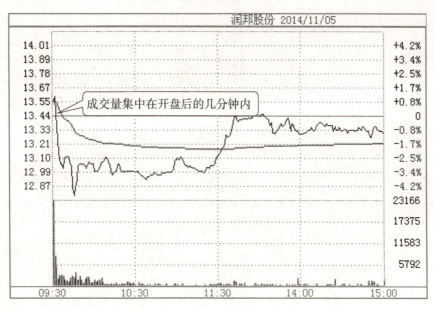

图 8-4　润邦股份分时走势（2014 年 11 月 5 日）

8.1.3　盘口异动的坐庄痕迹

当一只股票的盘口中出现巨大买单、卖单、买入委托单、卖出委托单，且比其他买卖单、委托单都高出几个数量级时，说明这只股票中有庄家在集中操纵股票。

庄家利用巨大买卖单或者委托单的目的往往不是真要买卖股票，而是故意向散户暴露自己的行踪，达到诱多或者诱空的目的。相反，当庄家真的要买入或者卖出股票时，则多数都会尽量隐藏行踪，将自己的买卖单分割到多个价位上委托。

参考实例1：在中航资本（600705）的买入盘口中，有两笔超过2000手的大买单。这两笔大买单并没有挂在重要的技术点位上，其中有一笔也没有挂在整数点位上，很明显是庄家的集中挂单。庄家使用这种大买单的目的往往不是真的要买入股票，而是要为散户投资者制造下方有强烈支撑的假象。如图8-5所示。

T300R	中航资本2015/01/21	
卖盘	5 19.84	66
	4 19.83	108
	3 19.82	230
	2 19.81	305
	1 19.80	571
买盘	1 19.74	121
	2 19.73	10
	3 19.72	2407
	4 19.71	406
	5 19.70	2082

图8-5 中航资本买卖盘口

参考实例2：在金科股份（000656）的分时成交明细中，突然出现了两笔5000手的卖单，将股价迅速打压几个价位。这种卖单明显是有庄家在集中打压股价。其目的是为散户投资者制造股价遭到强力打压的假象。如图8-6所示。

分时成交			细
10:18	17.05	10	1
:30	17.00↓	5001	199
:34	17.05↑	11	2
:37	17.05	835	7
:39	17.03↓	51	5
:43	17.00↓	5000	209
:45	17.04↑	20	1
:49	16.99↓	815	48
:51	17.01↑	10	2
:55	17.01	25	6
:58	17.04↑	75	6
10:19	17.00↓	264	19

图8-6 金科股份分时成交明细

8.1.4 分时走势的坐庄痕迹

当个股的分时走势图中出现股价突然被大买单拉升或者突然被大卖单打压的形态时，说明有庄家在集中力量拉升股价，或者在集中力量打压股价。

当庄家希望股价在短时间内快速上涨时，可能会使用一笔巨大买单将股价瞬间向上拉升多个价位，也可能使用连续多笔大买单将股价在一段时间内快速向上拉升。

当庄家希望股价在短时间内快速下跌时，可能会使用一笔巨大卖单将股价向下打压多个价位，也可能使用连续多笔大卖单将股价在一段时间内快速向下打压。

当股价被拉升至高位或者打压至低位后，如果庄家将自己的买卖单撤销，就可以观察到在这个价位市场上买卖双方力量的对比情况。

参考实例1：2014年12月30日刚开盘，百利电气（600468）股价就被庄家使用大买单快速向上拉升。不过当股价被拉升到高位后，遇到较强阻力，开始持续下跌。这说明此时散户还普遍看空后市，一旦股价上涨就逢高卖出股票。如图8-7所示。

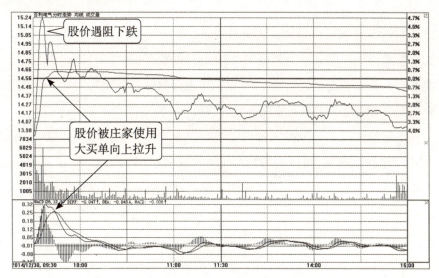

图8-7　百利电气分时走势（2014年12月30日）

参考实例2：2014年12月30日，秦岭水泥（600217）股价快速上涨后被庄家的大卖单向下打压。当股价快速下跌后，虽然没有再次出现巨大的卖单，但股价一直持续下跌。这说明市场上的散户已经普遍看空后市，当看到股价下跌时纷纷杀跌卖出。如图 8-8 所示。

图 8-8　秦岭水泥分时走势（2014 年 12 月 30 日）

8.1.5　技术指标的坐庄痕迹

技术指标反映当前股价或成交量的运行趋势，可以在判断未来股价走向时起到参考作用。例如，当移动平均线指标出现金叉形态时，说明股价上涨速度加快，未来将会继续上涨；当 MACD 指标形成顶背离形态时，说明股价上涨速度越来越慢，未来有见顶下跌的趋势。

在正常的情况下，股价多数都会按照技术指标的指向运行。投资者使用多个技术指标配合，还可以增加判断成功的概率。

有的庄家正是利用这一点，在诱多或者诱空时不断制造技术指标的看涨或者看跌信号，诱骗散户买入和卖出股票，庄家自己则反向操作。当庄家这样操作时，股价就不会按照技术指标的指向运行，甚至与指标的指向相反。因此，当投资者看到有多个技术指标发出看涨信号但股价并未上涨，或者多个技术指标发出看跌信号但股价没有下跌时，可以判断该股是有庄家从中操作。

参考实例 1：2014 年 11 月初，民丰特纸（600235）的 5 日均线突破 10 日均线，随后其 MACD 指标的 DIFF 线也向上突破了 DEA 线，连续形成金叉形态。不过金叉出现后，其股价却没能持续上涨。这样的形态说明有庄家从中操作。庄家先拉升股价制造连续的金叉，诱骗散户买入股票。之后自己则在高位大量卖出股票。如图8-9所示。

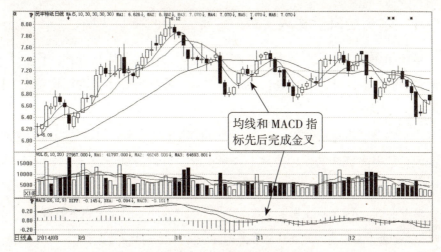

图8-9 民丰特纸日K线

参考实例2：2014年8月28日，桂冠电力（600236）股价被大幅向下打压，造成其均线和MACD指标几乎同时形成了死叉形态。虽然这是看跌信号，但是随后其股价并没有持续下跌，而是在进行横盘整理。这样的形态说明有庄家从中操作股票。庄家首先连续打压股价，制造卖出信号，诱骗投资者将手中的股票卖出。自己则在底部逐渐买入股票吸筹。经过这样的诱空行情后，庄家开始将股价持续向上拉升。如图8-10所示。

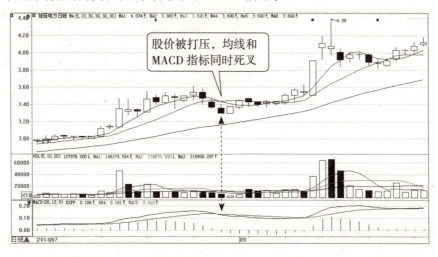

图8-10 桂冠电力日K线

8.2 不同坐庄阶段怎样操盘

8.2.1 建仓结束后买入

建仓是庄家买入股票的时机。在建仓阶段,庄家会以尽量低的价位买入尽量多的股票。因此,在建仓阶段股价走势的特点就是整体在低位震荡,同时成交量大幅放大。

庄家建仓可能会持续较长时间,而且在建仓过程中股价可能会持续下跌。投资者为了提高资金的使用效率,避免风险,可以等到庄家建仓结束,股价开始被向上拉升时再买入股票。

参考实例:2014年6月至8月,中恒集团(600252)股价在低位缓慢上涨,同时其成交量大幅放大。这是庄家在底部建仓买入股票的信号。如图8-11所示。

随后经过一段横盘整理行情后,2014年9月底该股股价突破了横盘整理区间。这是庄家建仓结束即将向上拉升股价的信号。此时投资者可以积极跟庄买入股票。

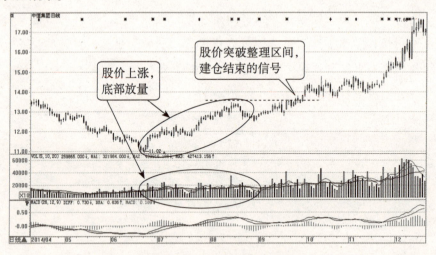

图 8-11 中恒集团日 K 线

8.2.2 试盘时冷静持股

试盘是指庄家测试散户的买卖热情,进而确定上方阻力位和下方支撑位的过程。庄家在试盘时,会快速将股价向上拉升或者向下打压多个价位,随后，庄家就会将自己的力量撤去，任股价在散户的影响下自由涨跌。

庄家将股价快速向上拉升后，如果股价很快就遇阻下跌，说明此时散户普遍看空后市，一见股价上涨就逢高卖出股票，上方压力较大；如果股价随后在高位横盘整理，或者继续上涨，则说明散户看好后市，出现跟风买盘将股价向上拉升。

庄家将股价快速向下打压后，如果股价很快就获得支撑上涨，说明此时散户普遍看好后市，趁股价下跌的机会逢低买入，下方支撑力量较强；如果股价下跌后在低位横盘整理，或者继续下跌，则说明散户普遍看空后市，在下跌过程中跟风卖出股票。

参考实例：2014年6月19日开盘后，杭萧钢构（600477）的庄家快速将股价向上拉升，之后就将自己的力量撤去，试探上方的抛盘压力。股价上涨到高位后，遭到持续打压。这说明此时上方抛盘压力较大。如果此时庄家拉升股价，会遇到很强的阻力。

随后一段时间，庄家操纵股价回调整理，开始洗盘操作。经过一段时间洗盘后，3月10日，庄家再次将股价大幅向上拉升。这次股价上涨后不但没有遇到太大阻力，反而在散户的拉升下持续上涨。这说明经过底部整理后，庄家已经将想要高位卖出股票的投资者洗掉。未来庄家将会持续拉升股价。如图8-12、图8-13和图8-14所示。

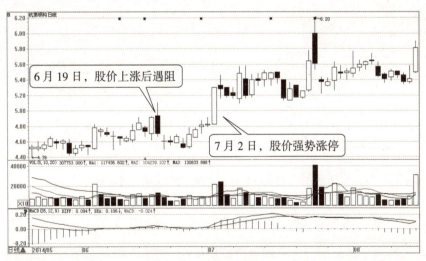

图8-12　杭萧钢构日K线

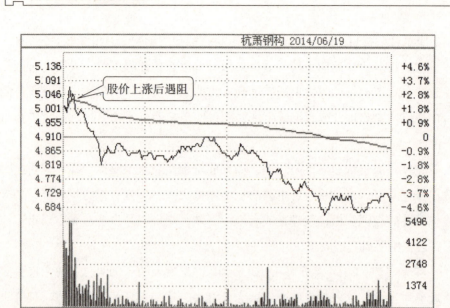

图 8-13　杭萧钢构分时走势（2014 年 6 月 19 日）

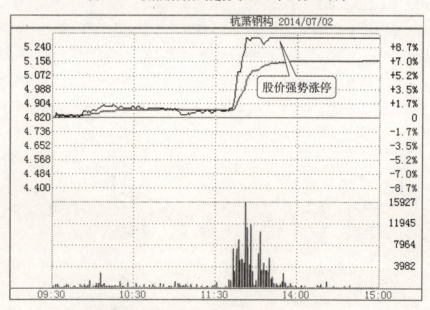

图 8-14　杭萧钢构分时走势（2014 年 7 月 2 日）

8.2.3　拉升时全程跟庄

拉升是指庄家将股价由建仓价位抬拉至出货目标价位的过程。这是庄家整个坐庄过程中股价涨幅最大的一段时间，经常会表现出量价齐涨的形态。

当庄家将股价快速向上拉升时,已经买入股票的投资者可以继续持有,没买入股票的投资者也可以追高买入。

参考实例:2014年6月至9月,凤帆股份(600482)股价大幅上涨的同时,其成交量也持续放大。这是庄家在强势拉升股价的信号。在放量上涨的过程中,已经持有股票的投资者可以继续稳定持有,手中还没有股票的投资者则可以积极追高买入。如图8-15所示。

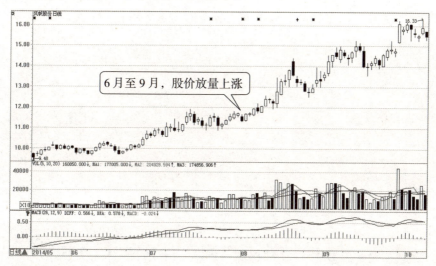

图8-15 凤帆股份日K线

8.2.4 洗盘时持股不动

股价上涨一段时间后,原来在低位买入的散户已经获利,他们可能会逐渐将手中的股票抛出,这会导致股价上涨受阻。庄家为了在拉升股价过程中不遇到太大阻力,会每隔一段时间就进行洗盘操作。

在洗盘过程中,庄家通过操纵股价涨跌来诱使低价买入股票的散户卖出股票,再让新的一批散户跟进买入,从而抬高市场上所有散户的平均持股成本。这样当庄家再将股价向上拉升时,新买入股票的散户获利还不多,不会大量卖出股票,使得股价上涨遇到的阻力就会比较有限。

庄家洗盘最常用的手法是快速打压股价。股价快速下跌会在散户中制造恐慌,使他们将股票抛出。当股价下跌到一定价位后,庄家会在低位支撑股价,使股价触底反弹,此时会有新的一批散户跟风买入。

在庄家洗盘过程中，如果投资者断定是有庄家在洗盘，可以稳定地持有股票。如果投资者无法判断是庄家在洗盘还是股价真的遭到打压，则可以先将手中的股票卖出，等洗盘结束，股价开始被再次拉升时再将股票买回。

参考实例：2014年9月至10月，中国玻纤（600176）股价反复震荡。这是庄家在洗盘的信号。庄家先将股价快速打压，诱使前期获利的散户卖出股票。随后又将股价快速拉升，诱使新的一批散户买入股票。通过反复的洗盘操作，庄家将投资者的平均成本抬高到比较高的位置。未来庄家再拉升股价时，就不会遇到太大阻力。如图8-16所示。

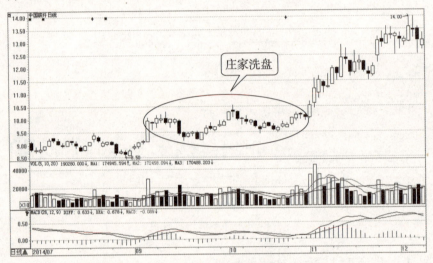

图8-16 中国玻纤日K线

8.2.5 出货时果断卖出

出货是指庄家在股价高位时，不动声色地将股票卖出的过程。在出货时，庄家的目的就是要将手中筹码在股价高位时卖出，同时尽量使自己的利润达到最大。为了达到这样的目的，庄家会借用各种利好消息或者大盘持续上涨的背景，以此来转移投资者的视线，进而悄悄将手中筹码卖出。

当庄家出货接近完成时，可能会将手中剩余的股票全部抛出砸盘，造成股价快速下跌。因此当投资者发现有庄家在出货的痕迹时，就应该尽快将手中的股票卖出，避免未来股价下跌的风险。

参考实例：2014年9月底，全柴动力（600218）的股价突破13元整数位。当时市场上一片看涨的声音,散户投资者信心高涨,竞相买入股票。借此机会,庄家在顶部大量卖出股票出货。

庄家出货过程中,股价形成了头肩顶的走势。直到股价跌破头肩顶的颈线时,投资者可以确定庄家已经在顶部完成出货。此时投资者应该将手中的股票尽快卖出。随后庄家开始不计成本地打压砸盘。如图8-17所示。

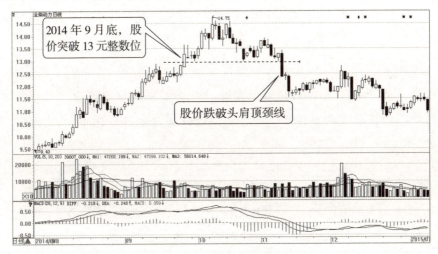

图 8-17　全柴动力日 K 线

8.3　不同股票如何跟庄

8.3.1　中长庄和短庄的不同跟庄技巧

中长线庄家的坐庄周期较长,投资者如果全程跟庄会耗时耗力,一旦买入点和卖出点选择失误,还可能影响到自己的获利空间。所以投资者在跟随长线庄家时,可以忽略掉庄家建仓和出货的两个时间段,只在庄家向上拉升股价时跟庄操作。投资者可以等庄家开始拉升股价时再买入股票,一旦发现庄家有出货迹象就将手中的股票卖出。

短线庄家的坐庄周期较短,并且在整个坐庄期间内,股价的涨幅可能并不会很大。所以,投资者在跟随短线庄家时,可以采取全程跟庄的策略。投资者一旦发现有庄家建仓迹象就可以买入股票,等庄家最终出货时再将股票卖出。

参考实例1：2013年的前7个月，太龙药业（600222）股价一直处于震荡横盘整理过程中，并且成交量间歇性的突然放大。如图8-18所示。这是有长线庄家在建仓买入的信号。遇到这样的长线庄家，投资者最好不要贸然跟进，否则可能会严重影响资金的赢利效率。

庄家建仓完成后，股价又缩量小幅回调。这是庄家在建仓结束后的洗盘动作。直到2014年9月，股价才被放量向上拉升。此时投资者可以跟进买入。拉升结束后，股价又开始长时间的横盘。

2014年9月，股价被突然拉升后开始在顶部放量横盘。这是有庄家在顶部出货的迹象。虽然不能完全肯定，不过因为前期的收益率已经很大，投资者可以将手中的股票尽快清空。激进投资者也可以保留少量仓位继续观望。

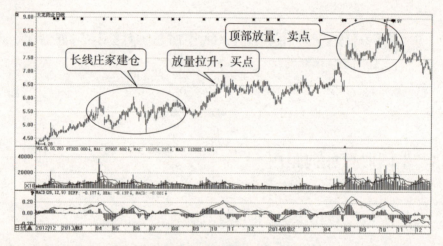

图8-18 太龙药业日K线

参考实例2：2014年9月至10月，北京城建（600266）股价上涨的同时其成交量也逐渐放大。如图8-19所示。这样的形态意味着庄家在短时间内快速建仓。采用这种边拉升边建仓手法的往往是短线庄家。庄家建仓完成后，股价很快就会被向上拉升。因此在建仓过程中，投资者可以积极买入股票。

2014年11月，北京城建股价开始加速上涨。2014年底，股价上涨遇到较大阻力，同时成交量大幅放大。这是庄家在顶部区域出货的信号。在此过程中，投资者应该尽快卖出手中的股票。

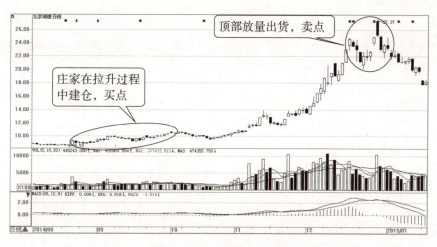

图 8-19　北京城建日 K 线

投资者可以通过以下几个方面区分中长线庄家和短线庄家。

第一，坐庄操作绩优股、蓝筹股的，一般是中长线庄家；坐庄操作垃圾股、概念股的，一般是短线庄家。

第二，中长线庄家善于借势操作，借大盘下跌时建仓、洗盘，借大盘上涨时拉升、出货的一般是中长线庄家；短线庄家善于煽动散户情绪，在大盘走弱时操纵股价逆市上涨，借以快速吸引人气的往往是短线庄家。

第三，中长线庄家要求的控盘水平较高，因此建仓的周期会比较长；短线庄家对控盘程度没有太大依赖，建仓可能在短时间内完成。

8.3.2　不同坐庄阶段的不同跟庄技巧

很多情况下，投资者无法在庄家建仓期间就发现股票有庄家介入的痕迹。有时甚至要等到庄家拉升的尾段，投资者才能确定该股有庄家在持续操作。当投资者在庄家不同的坐庄阶段发现庄家坐庄的痕迹时，应该选择不同的操作方式。

（1）在拉升阶段发现庄家痕迹

当投资者发现有庄家在快速拉升股价时，可以积极跟进。如果此时股价上涨幅度不大，则投资者可以稳定持有，等待庄家出货的信号。如果当投资者买入时股价的涨幅已经很大，则投资者应该设定严格的止损条件。一旦止损条件出现，即使没有看到庄家出货迹象，投资者也应该卖出手中的股票。

参考实例：2014年9月至10月，利欧股份（002131）股价连续放量上涨。这说明有庄家在强势拉升股价。此时如果投资者发现了庄家坐庄的痕迹，可以积极跟进。因为这时股票的涨幅还不大，投资者买入后可以稳定持有。等待有庄家出货的迹象时再卖出股票。如图8-20所示。

11月，股价再次被庄家放量向上拉升。此时投资者仍然可以追高买入，不过最好设定严格的止损规则。因为前期股价回调时获得30日均线的较强支撑，投资者买入股票后可以将止损位设定在30日均线上。未来股价一旦跌破30日均线，即使没有看到庄家出货的迹象，投资者也应该将手中的股票卖出。

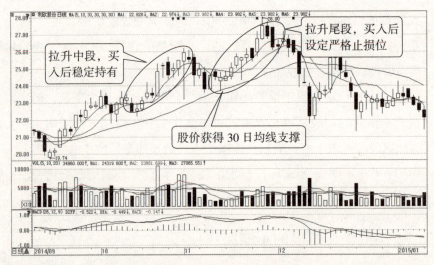

图8-20 利欧股份日K线

（2）在洗盘阶段发现庄家痕迹

如果投资者在庄家洗盘时发现有庄家在操作，可以耐心等待。等庄家洗盘结束，股价再创新高时，投资者再买入股票。

参考实例：2014年8月至10月，凌云股份（600480）的庄家操纵股价持续震荡洗盘。庄家先是快速打压股价，使持股意愿不强的散户卖出股票，之后再将股价拉升至涨停，吸引新的跟风资金进入。如图8-21所示。

当投资者发现此行情是庄家在洗盘时，可以先冷静观望。10月23

日，股价被庄家大幅向上拉升，同时创出新高。此时投资者可以积极追高买入。

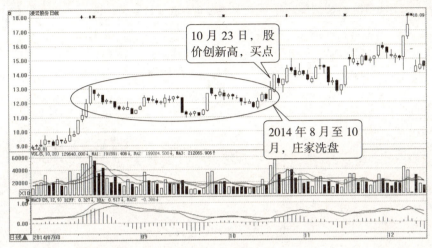

图 8-21　凌云股份日 K 线

（3）在试盘阶段发现庄家痕迹

当投资者发现庄家试探上方压力或者下方支撑时，可以借助分时走势图判断当前市场环境。如果分时图显示上方抛压较弱或者下方支撑较强，则投资者可以积极介入；如果分时图显示上方抛压较强或者下方支撑较弱，则投资者可以耐心等待。这样的情况下，庄家进一步洗盘后往往会再次试盘。

参考实例：2014 年 9 月 16 日，浦东建设（600284）的庄家将股价快速向上拉升试盘。从分时走势图中可以看出，股价上涨后遭到强烈打压。这说明此时上方抛盘压力还比较大，不是很好的拉升时机。如果投资者此时发现了庄家坐庄的迹象，最好能冷静观察。

经过一段时间回调洗盘后，11 月 6 日，庄家再次将股价向上拉升试盘。这次股价被拉升后没有遇到太大阻力，只是小幅回调后就在散户的影响下持续横盘整理。这说明上方抛盘压力已经很小。此时是庄家很好的拉升时机。投资者看到这样的形态后，可以积极买入股票。如图 8-22、图 8-23 和图 8-24 所示。

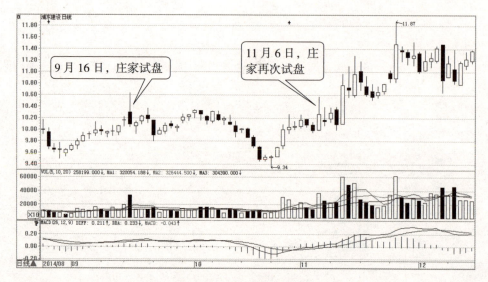

图 8-22　浦东建设日 K 线

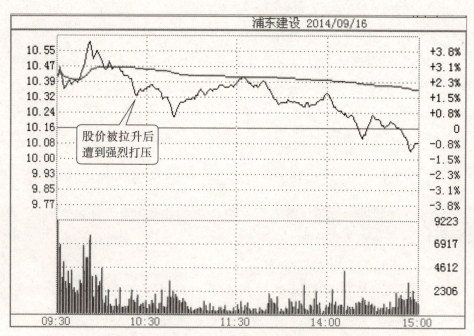

图 8-23　浦东建设分时走势（2014 年 9 月 16 日）

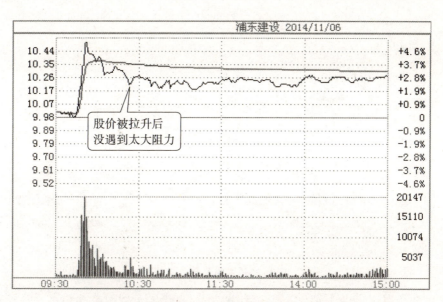

图 8-24　浦东建设分时走势（2014 年 11 月 6 日）

8.3.3　绩优股和垃圾股的不同跟庄技巧

绩优股是指业绩优秀、赢利能力稳定的股票。从长期来看，绩优股的价格会随着股票内在价值的增加而持续上涨。投资者选择绩优股最佳的时机是在一段持续下跌熊市的末端。在熊市行情中，绩优股往往会随市场上多数股票一起下跌。当股票的价格大幅低于该股的内在价值时，投资者就可以积极买入股票。一旦到了牛市行情中，这类股票的价格将会大幅上涨。

垃圾股是指业绩欠佳、赢利能力很不稳定的股票。虽然从长期来看，垃圾股很难有超过大盘的表现，但是从短期来看，垃圾股却经常有炒作机会，其股价可能在较短时间内有很大幅度的上涨。投资者选择垃圾股应该在整个市场持续上涨的过程中。在上涨行情中，垃圾股很容易出现炒作机会。此时一旦发现这类股票中有庄家介入的痕迹，投资者就可以积极买入。

参考实例 1：贵州茅台（600519）是典型的绩优股。长期来看，该股股价会随着上市公司业绩提高而不断上涨。投资者如果要买入该股，可以选择在持续的熊市尾端，股价大幅低于其内在价值时。如图 8-25 所示。

例如在 2012 年和 2013 年的熊市行情中，贵州茅台股价下跌超过 50%。在这轮持续下跌行情之后，投资者就可以积极买入股票。

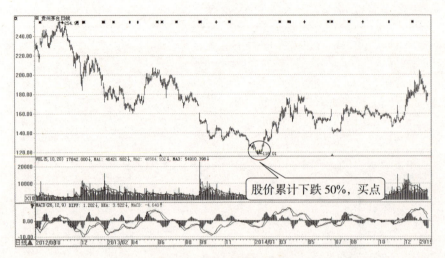

图 8-25　贵州茅台日 K 线

参考实例 2：2014 年 5 月，珠海中富（000659）因为连续两年亏损，被交易所施行退市风险警示，更名为 *ST 中富，也就成为市场上垃圾股之一。这类股票连年亏损，长期来看并没有太大投资价值。不过在股票普遍上涨的牛市行情中，投资者可以多关注这类股票的短线炒作机会。

虽然成为垃圾股，自 2014 年 6 月开始，因为重组题材炒作，*ST 中富股价持续加速上涨。投资者可以在这个过程中短线追高买入。如图 8-26 所示。

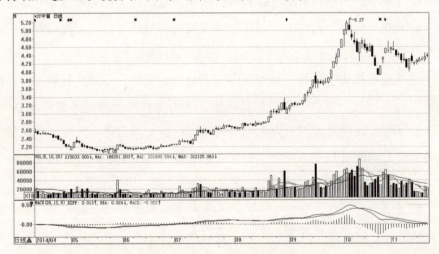

图 8-26　*ST 中富日 K 线

第 9 章
股票买卖技巧

9.1 怎样买入股票

投资者在买入股票时,可以选择一次性建仓买入,也可以选择在一段时间内分多次建仓买入股票。如果是分多次买入股票,投资者还需要根据市场行情确定每次买入股票的规模。

9.1.1 一次性买入

在买入股票时,投资者可以选择一次性的将全部资金都投入股票。在以下几种条件下,投资者可以选择这样的交易方式。

第一,出现十分强烈的看涨信号,未来股价上涨的概率极大时。

第二,多个买入信号叠加在一起时。

第三,在股价上涨过程中追高买入时。如果继续等待可能股价会上涨,付出更大成本。

参考实例:2014 年 11 月底,一拖股份(601038)股价见底后开始强势上涨。11 月 20 日,其 5 日均线突破 10 日均线,形成均线金叉形态。同时其 MACD 指标中的 DIFF 线也向上突破了 DEA 线,形成金叉。这样两个指标同时金叉的形态是十分强烈的看涨信号。看到这样的信号后,投资者可以积极买入股票。如图 9-1 所示。

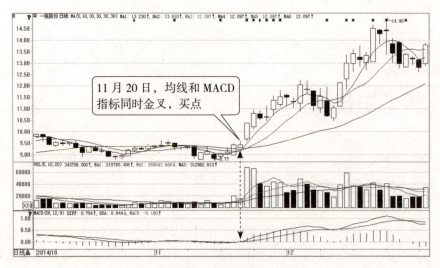

图 9-1 一拖股份日 K 线

9.1.2 分笔买入

除了一次性地将所有资金都买入股票，投资者还可以选择将资金分成 2～3 份，选择不同的时机分别买入股票。投资者可以在以下几种情况下选择分笔买入股票。

第一，当股价上涨信号不是特别强烈，投资者需要继续确认行情走向时，可以分笔建仓买入。当上涨信号出现时先买入一部分股票，等股价上涨行情得到确认后再继续买入。

第二，当投资者买入股票时，如果股价还处于下跌行情中，未来有继续下跌的趋势，则投资者可以先买入一部分股票，等股价真正见底反弹时再买入剩余的股票。

参考实例 1：2011 年 7 月至 8 月，绵世股份（000609）股价持续在底部区域横盘整理。8 月 20 日，股价向上突破了横盘整理阶段的最高点，创出新高。这个交易日的成交量虽然放大，但 K 线的整体涨幅比较小。这说明股价上涨动能并不充足。为了尽量回避风险，投资者可以在突破当日先建立部分仓位。如图 9-2 所示。

8 月 27 日，股价经过小幅回抽后在前期高点附近获得支撑，再次放量上涨。这个交易日的成交量继续放大，同时股价强势上涨。这是多方开始持续拉升股价、上涨行情已经确定的信号。看到这样的信号，投资者可以积极买入股票，补全剩余仓位。

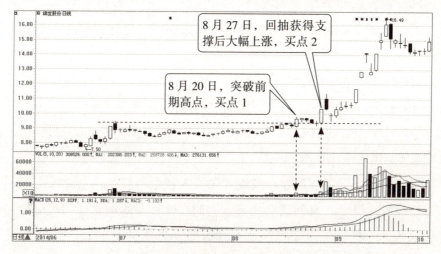

图 9-2　绵世股份日 K 线

参考实例 2：2014 年 10 月 23 日，初灵信息（300250）KDJ 指标中的指标线 K 跌破 20，指标线 J 跌破 0，同时进入超卖状态。这是下跌行情已经接近尽头的信号。因为此时股价还处于持续的下跌行情中，投资者可以先买入部分股票建仓。如图 9-3 所示。

10 月 28 日，指标线 K 和指标线 J 脱离超卖区间，同时 KDJ 指标在低位完成金叉。此时投资者可以加仓买入股票。

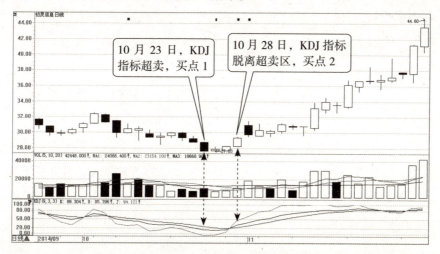

图 9-3　初灵信息日 K 线

9.1.3 分笔买入的仓位控制

当投资者选择分笔买入股票时,可以根据市场行情的不同,来确定每次交易具体投入的资金量。投资者可以选择的分笔建仓策略主要有以下几种。

第一,金字塔形建仓。投资者先买入较多的股票,之后每次买入时逐渐减少投入资金,直到建仓完成。例如,投资者如果要分三次建仓,可以依次投入 1/2、1/3、1/6 的资金买入股票。当投资者对后市行情走势把握较大时,可以选择这样的建仓方式。

第二,倒金字塔形建仓。投资者先买入较少的股票,之后每次买入时逐渐增加投入资金,直到建仓完成。例如,投资者如果要分三次建仓,可以依次投入 1/6、1/3、1/2 的资金买入股票。当投资者对后市行情把握不大,但又希望进入市场操作时,可以选择这种建仓方式。一旦开始建仓后股价没有按照原来预想的方式运行,投资者就可以将手中的股票卖出止损。

第三,平均型建仓。按照预计建仓的次数将资金分成几个等份,每次投入相等数量的资金。

参考实例:2014 年 9 月 16 日,卫宁软件(300253)KDJ 指标中的指标线 K 跌破 20、指标线 J 跌破 0,同时进入超卖区间。这是下跌行情已经接近尽头的信号。因为此时股价还处于下跌行情中,投资者可以先少量买入股票建仓。例如计划分三次建仓时,可以先以 1/6 的资金买入股票。如图 9-4 所示。

9 月 18 日,指标线 J 突破 0,结束超卖状态。这样的形态说明下跌趋势有结束的迹象。此时投资者可以以 1/3 的资金买入股票。

9 月 23 日,KDJ 指标的三条曲线在底部形成金叉形态,同时指标线 K 也突破 20,结束超卖状态。这是股价已经进入上涨行情的信号。此时投资者可以将剩余 1/2 的资金全部买入股票,完成建仓。

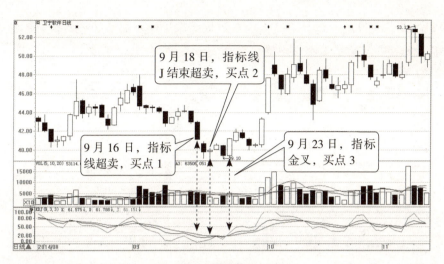

图 9-4　卫宁软件日 K 线

9.2　怎样卖出股票

与买入股票的方法类似，当投资者希望将手中的股票卖出时，可以选择一次性的全部卖出，也可以选择将股票分成几部分，分笔卖出。

9.2.1　一次性卖出

在卖出股票时，投资者可以选择一次性的将手中所有股票全部挂单卖出。在以下几种情况下，投资者可以选择这种卖出股票的方式。

第一，当出现十分强烈的看跌信号时，投资者无须等待行情进一步确认，就可以将手中全部的股票尽快卖出。

第二，当股票出现多个卖出信号叠加在一起时，也是十分强烈的看跌信号。

第三，当股票处于持续下跌的行情中，投资者看到卖出信号后应该将手中的股票尽快卖出，这样可以避免未来股价持续下跌造成不必要的损失。

参考实例：2014 年 12 月 16 日至 18 日，德赛电池（000049）股价连续三个交易日下跌，形成了三只乌鸦形态。这样的形态出现在横盘整理行情之后，说明市场上的下跌能量正在聚集，是看跌卖出信号。如图 9-5 所示。

12 月 18 日，该股 MACD 指标的 DIFF 线跌破了 DEA 线，形成死叉形态。这也是看跌信号。这个交易日收盘前，股价下跌的趋势已经可以确定，投资者应该卖出股票。同时为了避免未来股价继续下跌造成不必要的损失，投资者应该尽快将手中的股票全部卖出。

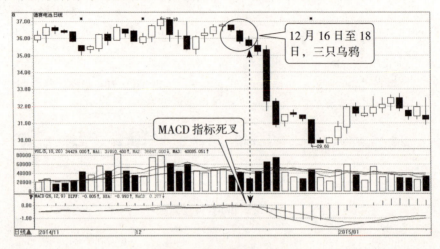

图 9-5　德赛电池日 K 线

9.2.2　分笔卖出

与分笔买入股票一样，投资者在卖出股票时也可以选择分笔卖出的方法。这种卖出方法主要适用于以下几种情况。

第一，该股出现的看跌信号不是十分强烈，需要进一步确认时。这种情况下投资者可以先将手中的股票卖出一部分，等行情得到确认后再将手中剩余的股票全部卖出。

第二，如果出现看跌信号时股票还处于上涨趋势中，则投资者可以先将手中的股票卖出一部分，等股价开始见顶下跌时再将手中剩余的股票全部卖出。

参考实例 1：2014 年 5 月至 6 月，乐视网（300104）股价持续上涨的同时其 MACD 指标的红色柱线却逐渐变短，二者形成了顶背离形态。这说明股价上涨的动能越来越弱，是看跌信号。不过在背离形成过程中成交量持续放大，该形态的看跌信号并不是十分强烈。6 月 20 日，MACD 指标完成死叉形态。这是顶背离完成的信号，投资者可以先将手中的股票卖出一部分。如图 9-6 所示。

7 月 8 日，股价下跌虽然获得一定支撑，但是其 10 日均线却跌破了 30 日均线，形成均线死叉形态。这样的形态说明股价进入下跌行情，投资者应该再次将手中的股票卖出一部分。

7月11日,股价上涨到10日均线位置遇阻下跌,同时跌破了之前获得支撑的价位。此时投资者应该将手中剩余的股票全部卖出。

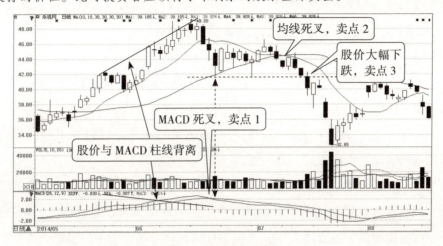

图9-6 乐视网日K线

参考实例2:2014年9月5日,比亚迪(002594)经过持续上涨行情后其KDJ指标中的指标线K突破80,指标线J突破100。这是该股股价即将见顶的信号。因为此时该股还处于上涨行情中,看到这个信号后投资者可以先将手中的股票卖出一部分,保留一定仓位继续观望。如图9-7所示。

9月11日,KDJ指标的两条指标线先后离开超买区间,并且在高位形成死叉形态。这个形态说明股价上涨行情已经结束。此时投资者应该将手中剩余的股票全部卖出。

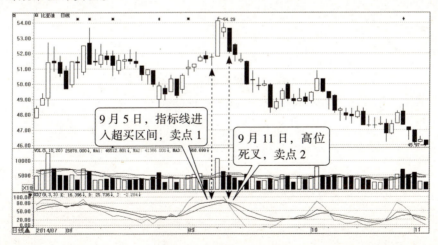

图9-7 比亚迪日K线

9.2.3　分笔卖出的仓位控制

在分笔卖出股票时，投资者可以根据市场行情和自己的操作计划确定每次卖出股票的比例。常用的分笔卖出策略主要有以下几种。

第一，金字塔卖出法。投资者先将手中的股票卖出一大部分，再视未来行情的走向逐渐减少卖出股票的数量，最终完成卖出过程。例如，投资者要分三次卖出股票，可以按照 1/2、1/3、1/6 的比例逐渐将手中的股票全部卖出。当市场上出现较强的卖出信号，同时投资者又希望尽量回避踏空的风险时，可以选择这样的卖出方式。

第二，倒金字塔卖出法。投资者先卖出少量的股票，等未来行情确认时，再逐渐增加卖出股票的数量，最终将手中的股票全部卖出。例如，投资者要分三次卖出股票，可以按照 1/6、1/3、1/2 的比例逐渐将手中的股票全部卖出。当市场上的看跌信号较弱，股价未来还有可能继续上涨时，投资者可以选择这种卖出方式，尽量回避踏空后市的风险。

第三，平均卖出法。投资者可以按照计划卖出股票的次数将手中的股票平均分成几份，每次卖出相等数量的股票。

参考实例：2014 年 8 月至 10 月，华虹计通（300330）股价上涨过程中与其 MACD 柱线形成了顶背离形态。如图 9-8 所示。这样的形态说明该股上涨动能不足，是即将见顶下跌的信号。10 月 14 日，MACD 指标在高位完成了死叉形态。这个死叉形态的看跌信号较强。此时投资者可以先将手中的股票卖出 1/2。

10 月 22 日，股价跌破了前期获得支撑的价位。这是下跌行情已经开始的信号。此时投资者可以继续卖出原来仓位 1/3 的股票。

10 月 31 日，股价反弹到原来的支撑位附近时遇阻下跌。这次反弹是对之前看跌形态的确认，此时投资者应该将手中剩余的股票全部卖出。

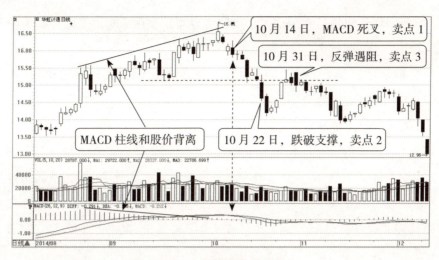

图 9-8 华虹计通日 K 线

9.3 如何确定止损止盈的时机

止损和止盈是指投资者在买入股票的同时就确定一定的价位，当股价运行到该价位时，无论自己是盈是亏，市场有无看跌信号出现，都果断将手中的股票卖出。

9.3.1 固定止损止盈

固定止损止盈是投资者在买入股票的同时制定卖出策略，当股价上涨到某个固定的价位时止盈卖出，当股价下跌到某个固定的价位时止损卖出。在设定固定的止损、止盈价位时，投资者需要注意以下几点。

第一，止盈的比例要高于止损的比例。例如股价上涨 20% 止盈卖出，下跌 10% 止损卖出；或者股价上涨 10% 止盈卖出，下跌 5% 止损卖出。这样设定止盈和止损的比例可以保证投资者在盈亏交易笔数相当的情况下确保收益。

第二，结合其他信号灵活卖出股票。如果在股价到达固定的止损止盈价位前，已经出现了强烈的看跌卖出信号，则投资者应该将股票卖出，不必等股价跌到止损价位。

第三，严格执行设定好的策略。当股价运行到设定好的止盈、止损价位时,即使出现了较强的看涨信号,投资者也应该坚持原来的策略,将手中的股票卖出。

参考实例1:2014年10月30日,宏发股份(600885)MACD指标完成金叉形态,同时成交量大幅放大。这是十分强势的看涨信号。投资者可以积极买入股票。如图9-9所示。

在买入股票的同时,投资者可以确定一个固定的止盈和止损比例。例如上涨10%止盈,下跌5%止损。假设投资者以当日收盘价20.27元买入,则通过计算可以得到止盈价位为22.3(即20.27+20.27×10%)元,止损价位为19.26(即20.27-20.27×5%)元。当股价突破20.27元或者跌破19.26元时,投资者都应该尽快将手中的股票卖出。

经过一段时间的上涨后,在11月27日盘中,股价突破了22.3元。此时投资者应该卖出股票止盈。

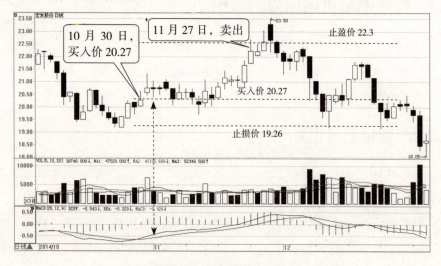

图9-9 宏发股份日K线

参考实例2:2014年11月25日,苏大维格(300331)股价放量上涨,突破了前期震荡整理过程中的高点。如图9-10所示。这是十分强烈的看涨信号。此时投资者可以积极买入股票。

买入股票后,投资者可以设定固定的止损和止盈价位。假设投资者以当日收盘价42.72元买入,止盈比例为10%,止损比例为5%。由此计算得到的止盈价位为47(即42.72+42.72×10%)元,止损价位为40.58(即42.72—

42.72×5%）元。

12月1日至3日，其股价在顶部区域形成了三只乌鸦形态。这是空方在顶部聚集的信号，预示着未来股价会见顶下跌。此时虽然股价没有达到止盈或者止损价位，但投资者还是应该将手中的股票卖出，确保收益。

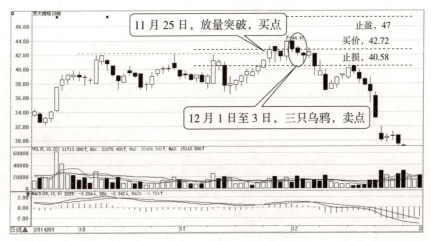

图9-10　苏大维格日K线

9.3.2　向上浮动止损

使用固定比率的止损方法，投资者虽然能有效避免深度套牢风险，但很有可能会踏空一些股价大幅上涨的大牛股。例如，投资者在股价上涨20%时就止盈卖出，但最终该股却上涨了50%。

为了避免这种情况，投资者可以选择将止损位向上浮动的止损策略。随着股价上涨，投资者可以按照一定的规则将止损位向上浮动，一旦股价深度回调，跌破该止损位时就果断卖出股票。这种止损策略的具体操作方法包括以下几种。

第一，按照股价过去的走势，画一条向右上方倾斜的直线作为止损线。随着股价运行，止损位会被逐渐抬高。当股价跌破该直线时，就是止损卖出的时机。

第二，每次股价创出新高后，都按照新高向下一定的比例计算出止损价格。如果股价回调时跌破该价格，就止损卖出；如果未来股价能继续创出新高，则重新计算止损价格。这样计算出的止损价格只会向上浮动，不会向下浮动。

参考实例1：2014年7月至10月，奥瑞金（002701）股价持续上涨。在持续上涨过程中，投资者将每次回调的低点用直线连接起来，可以得到一条上升趋势线。股价只要处于这条上升趋势线的上方，就说明上涨行情还在持续。如图9-11所示。

投资者可以将这条趋势线作为向上浮动的止损位。随着时间推移，止损价格会不断上涨。10月22日，股价跌破了上升趋势线。此时投资者应该尽快将手中的股票卖出。

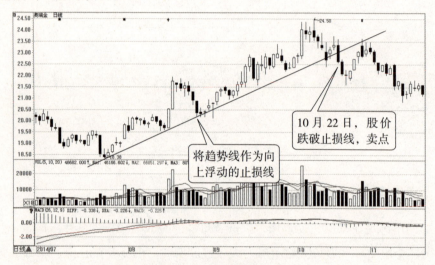

图9-11　奥瑞金日K线

参考实例2：2014年9月4日，思达高科（000676）经过持续放量上涨行情后突破其前期高点。这是十分强烈的看涨信号。在股价突破当日，投资者可以积极买入股票。因为该股上涨十分强势，投资者可能无法确定具体的止盈价位，所以可以选择根据最高价向下浮动的止损策略。如图9-12所示。

假设投资者选择最高价向下浮动10%的止损比例。9月4日，股价创出高点为6.36元，此时的止损价可以设定为5.72（即6.36－6.36×10%）元。

随后该股连创新高，每次股价创出新高后，投资者都应该按照最新的高点重新计算止损价格。例如在9月16日，股价创出7.53元新高，此时的止损价应该上浮为6.78（即7.53－7.53×10%）元。随后股价回调时，并没有跌破这个价位，投资者可以继续持有股票。

10月8日，思达高科创出8.83元高点。此时的止损位应该上浮为7.95（即8.83－8.83×10%）元。几个交易日后，股价跌破了止损位。投资者应该尽快将手中的股票止损卖出。

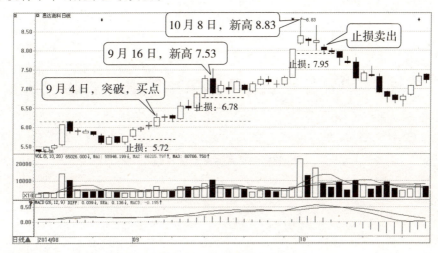

图9-12　思达高科日K线

9.3.3　均线指标辅助止损

投资者可以将某条持续上涨的移动平均线当作止损线。如果股价上涨时能够多次在同一条均线位置获得支撑，则说明该均线是股价上涨重要的支撑线，在未来的行情中，股价会沿该均线持续上涨。此后一旦股价跌破了该均线位置，就意味着之前的上涨行情已经结束，投资者应该尽快将手中的股票卖出。

参考实例：如图9-13所示。2014年8月至9月，古井贡酒（000596）股价在上涨过程中多次获得20日均线的支撑。这样的形态说明20日均线是股价上涨重要的支撑线。投资者在这段行情中买入股票后，可以将20日均线作为向上浮动的止损线。

随着股价上涨，20日均线也持续上涨。9月22日，股价回调时跌破了20日均线。这意味着之前的下跌行情已经结束。此时投资者应该尽快将手中的股票卖出。

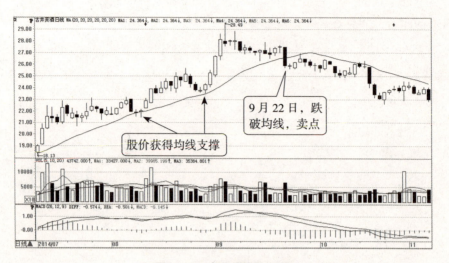

图 9-13 古井贡酒日 K 线

第10章
日内操盘技巧

10.1 开盘前盘口观察要点

在每个交易日开盘前,投资者都应该提前做一些功课,对当日走势先进行一个预判。

10.1.1 看国际市场走向

现在,中国股市已经成为世界上最重要的股票市场之一,和世界上其他证券市场的关联性也越来越强。在每个交易日开盘前,投资者都应该关注前一天其他证券市场的价格走向,特别是美国股市、香港股市、黄金石油市场、外汇市场等。

一般来说,如果前一天的美国股市和香港股市均大幅上涨,沪深股市也会出现一定的高开现象;如果美国股市和香港股市均大幅下跌,则沪深股市可能低开。

如果国际上的黄金、石油价格大幅上涨,则国内股市上的相关黄金、石油股票会有比较大的涨幅;如果人民币汇率上升,航空、造纸等受益行业股票的表现值得期待。

参考实例1:2014年10月16日,世界上多数股票市场均大幅下跌,美国道琼斯工业指数下跌1.06%,日经225指数低开1.78%。这会对国内股市产生较强的打压效应。当日,上证指数开盘时就低开了0.53%。如图10-1所示。

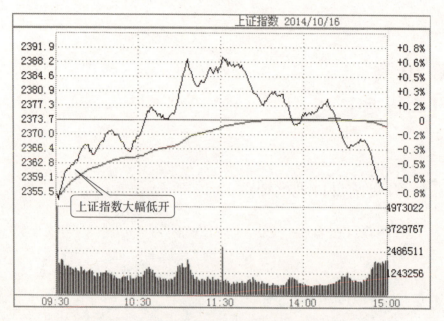

图 10-1 上证指数分时走势（2014 年 10 月 16 日）

参考实例 2：2014 年 8 月至 12 月，国际油价持续大幅下跌。比亚迪（002594）作为国内新能源汽车行业的龙头股，其生产的新能源汽车销量必然会因为油价下跌而受到影响。因此随着油价下跌，比亚迪的股价也持续下跌。如图 10-2 和图 10-3 所示。

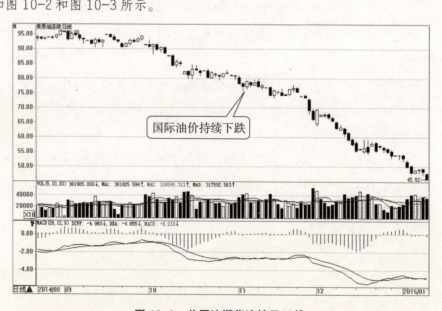

图 10-2 美原油期货连续日 K 线

图 10-3 比亚迪日 K 线

10.1.2 看重要财经新闻

能够对股票市场产生重大影响的财经新闻包括政策变动、行业新闻、货币信贷政策等，这些重大新闻都将对当日的盘面构成较大影响。当看到这类新闻时，投资者应该分析它们是利空还是利好，会影响到整个股市还是个别板块或个别股票，是短期影响还是中长期影响。做出这些判断后，投资者就可以采取相应的投资对策。

参考实例：2014 年 11 月 21 日晚间，中国人民银行宣布，自 2014 年 11 月 22 日起下调金融机构人民币贷款和存款基准利率。这是央行自 2012 年 7 月后首次降息，对股票市场是重大利好。

11 月 24 日是这次降息消息公布后的收个交易日。当日上证指数大幅高开后又迅速走高，虽然下午有所走弱，但收盘时股价仍上涨了 1.85%。如图 10-4 所示。

随后很长一段时间内，上涨指数都进入了大幅上涨的行情。而受这次降息影响最大的金融行情成为此轮上涨的龙头板块。

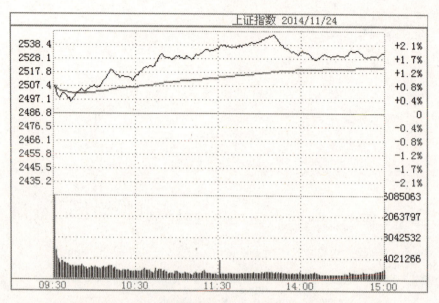

图10-4 上证指数分时走势（2014年11月24日）

10.1.3 看论坛上的多空人气

投资者可以多关注一些知名的股票论坛。通过浏览股票论坛，投资者可以了解市场人气状况，知道目前市场上受到广泛关注的板块和股票，知道多空双方的主要观点。尤其是对论坛上一些与自己观点相反的内容，投资者需要客观看待，这样可以弥补自己可能疏忽的地方，更好地把握市场行情走向。

10.1.4 看股指期货走向

2010年4月，沪深300指数期货上市运行。经过几年发展，国内股指期货市场越来越成熟，对指数的影响也越来越大。

股指期货每天的开盘时间为上午9:15，比股票市场早15分钟。在股票市场开盘前，投资者可以多观察股指期货市场的涨跌情况。这段时间股指期货的走势可以影响到大盘指数开盘时的涨跌幅度。

参考实例：2014年11月21日晚间，中国人民银行宣布降息。按照常识推断，这次降息对股票市场是利好消息。

经过周末休市后，11月24日开盘，如果投资者无法确定该利好消息能够给大盘带来多大影响，可以观察股指期货的走势。当日股指期货高开

2.14%,截至 9:30 虽然略有回调,但仍然上涨 2% 以上。这与沪深 300 指数的高开幅度基本相等。随后在全天的走势中,股指期货与大盘形成了几乎同步涨跌的走势。如图 10-5 所示。

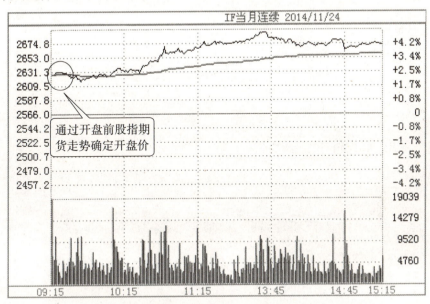

图 10-5　股指期货分时图(2014 年 11 月 24 日)

10.2　早盘盘口观察要点

早盘是指开盘后半小时,即 9:30 ~ 10:00 这段时间。这段时间是一天中最重要的看盘时段,这段时间的股价强弱能够影响整个交易日的走向。在这段时间内,投资者应该重点关注以下几个方面的情况。

10.2.1　看大盘涨跌

开盘后的半小时内,经过一晚上酝酿的买卖盘都会集中涌出。这段时间的大盘走向可以体现出整个市场上多空力量的对比情况。通过大盘的开盘点位和前半个小时的涨跌情况,投资者可以对整个交易日的指数涨跌有一个整体的判断。

参考实例 1:2014 年 12 月 19 日,上证指数开盘后先是小幅回落,随后获得较强的支撑开始持续上涨。这样的形态说明虽然市场上有空方力量打压股价,不过多方的力量要明显强于空方。股价下跌后能够获得较强的支撑并持续上涨。从随后的分时走势看，整个交易日的股价走向都可以看成是这半小时内的股价走势的放大。如图10-6所示。

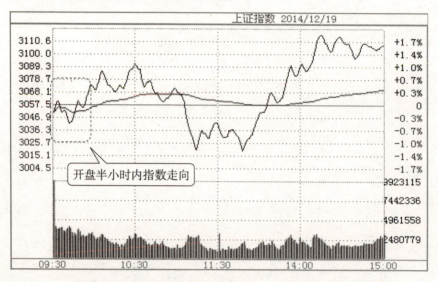

图10-6　上证指数分时走势（2014年12月19日）

参考实例2：2014年12月9日开盘后半小时内，上证指数先是快速上涨，之后又被快速打压。如图10-7所示。这说明多空双方力量正在僵持中。多方希望将股价向上拉升，但上方抛盘压力较大。多方将股价拉升至高位后没有后续力量跟进，股价会被空方持续打压。

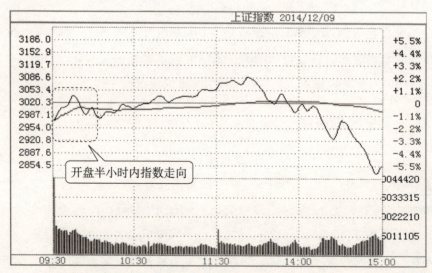

图10-7　上证指数分时走势（2014年12月9日）

10.2.2 看个股涨幅榜

开盘半小时后,投资者可以观察沪深股市所有股票的涨幅排行。

如果此时有多只股票涨停,说明市场整体十分强势,投资者交易活跃。在随后的交易日时间内,投资者可以积极做多买入。

如果此时没有股票涨停,排在涨幅榜前列的股票涨幅也不大,则说明市场并不强势,投资者缺乏做多热情。此时即使指数上涨也是因为有权重股在抬拉股价造成的。这样的情况下,投资者应该尽量谨慎操作。

参考实例:2015年1月22日开盘半小时后,通过股票涨幅榜投资者可以看到除了6只当日新上市的股票外,排名涨幅榜前20位的股票全部涨停。如图10-8所示。这说明当日市场整体十分强势,投资者交易活跃。这样的情况下,投资者可以积极参与随后的行情。

序号	代码	名称	最新	涨跌	涨幅↓	总手	换手率	现手	总额	昨收	今开
1	603601	N再升	11.38	+3.48	44.05%	31		31	3.13	7.90	9.48
2	300416	N苏试	16.53	+5.05	43.99%	63		63	10.40	11.48	15.16
3	002739	N万达	30.74	+9.39	43.98%	11		11	3.35	21.35	27.94
4	601069	N黄金	5.14	+1.57	43.98%	30		30	1.37	3.57	4.28
5	002740	N爱迪尔	23.72	+7.24	43.93%		排名靠前的股票全部涨停			16.48	19.78
6	300419	N浩丰	38.03	+9.22	32.00%					28.81	34.57
7	600255	鑫科材料	5.46	+0.50	10.08%	148593	6.71%	1118	56440	4.96	5.07
8	600681	万鸿集团	7.76	+0.71	10.07%	20571	0.83%	20571	1596	7.76	7.76
9	600986	科达股份	8.54	+0.78	10.05%	455	0.01%	455	38.87	7.76	8.54
10	300413	快乐购	14.36	+1.31	10.04%	110		110	15.80	13.05	14.36
11	002066	瑞泰科技	13.71	+1.25	10.03%	229265	9.97%	502	30712	12.46	13.00
12	002538	司尔特	18.00	+1.64	10.02%	119048	4.19%	1250	21426	16.36	18.00
13	600415	小商品城	13.94	+1.27	10.02%	192527	0.71%	2219	26418	12.67	13.50
14	601021	春秋航空	28.77	+2.62	10.02%	459		459	132	26.15	28.77
15	600291	西水股份	21.75	+1.98	10.02%	4064	0.11%	4064	884	19.77	21.75
16	600686	金龙汽车	14.83	+1.35	10.02%	44759	1.01%	1065	6404	13.48	13.40
17	600240	华业地产	7.91	+0.72	10.01%	1348	0.01%	1348	107	7.19	7.91
18	600288	大恒科技	16.59	+1.51	10.01%	12587	0.29%	10	2088	15.08	16.59
19	000732	泰禾集团	17.47	+1.59	10.01%	16789	0.17%	16789	2933	15.88	17.47
20	603788	宁波高发	17.91	+1.63	10.01%	67		67	12.00	16.28	17.91

图10-8 开盘半小时后股票涨幅排名(2015年1月22日)

10.2.3 看板块涨跌排名

开盘半小时后,投资者可以观察板块涨幅排名情况,了解市场上的强势股票。结合个股涨幅榜,如果某个板块强势上涨,同时板块中有多只股票涨停,则说明该板块属于当日的强势板块。在随后的行情中,投资者可以重点关注该板块股价走向。

参考实例：2015年1月22日开盘半小时后，投资者通过板块涨幅排名可以看到当日强势上涨的几个板块。通过板块涨幅和个股涨幅结合可以看到，非银金融板块中的西水股份涨停，3D打印板块中的鑫科材料、大恒科技涨停。这两个板块及其中的领涨股票都是投资者在这个交易日应该重点关注的品种。如图10-9所示。

序号	代码	名称		最新	涨跌	涨幅↓	涨速	总手	总额
1	991256	非银金融		3630.39	+114.47	3.26%	0.21%	2056506	375399
2	991255	保险	¤	5074.36	+141.97	2.88%	1.34%	1742901	857984
3	993051	迪士尼		4025.64	+74.99	1.90%	-0.12%	2280139	344312
4	993927	三线地产		3204.53	+58.94	1.87%	-0.07%	342213	42697
5	993060	3D打印		3571.77	+63.51	1.81%	-0.10%	2516182	340890
6	993639	舟山新区		3118.48	+45.66	1.49%	0.06%	1078350	73241
7	991034	有色金属		3242.67	+45.94	1.44%	0.04%	6639036	700890
8	991007	房地产		3216.29	+45.01	1.42%	-0.08%	8794799	1051032
9	993706	沪警示板		4901.11	+66.30	1.37%	0.08%	342820	22257
10	993048	重磅新药		2713.03	+34.36	1.28%	-0.08%	657380	117099
11	993934	麻精药物		2610.68	+32.60	1.26%	-0.27%	322471	68931
12	993958	低价药		2827.36	+35.28	1.26%	0.05%	484746	94761
13	993732	稀土永磁		3335.94	+39.22	1.19%	-0.08%	2138317	256705
14	993590	送转		9049.75	+101.68	1.14%	-0.04%	2390173	615727
15	993129	数字电视		3172.94	+35.24	1.12%	-0.14%	2304024	317917
16	993039	沪自贸区		4901.58	+54.07	1.12%	0.08%	2645695	431080
17	993618	青海		1973.84	+21.56	1.10%	-0.11%	247565	27083
18	993305	网络游戏	¤	4827.61	+48.57	1.02%	-0.11%	2782281	521536
19	993928	生态农业		2802.95	+27.45	0.99%	-0.04%	1051113	129952
20	993049	电子商务	¤	3994.05	+39.09	0.99%	-0.15%	2783611	520606

图 10-9　上午 10:00 块涨幅排名（2015 年 1 月 22 日）

10.3　盘中盘口观察要点

盘中是指每个交易日 10:00 ~ 14:30 的时间段，这三个小时是整个交易日的主体。通过这段时间看盘，投资者可以清楚地看到多空力量的强弱变化。

10.3.1　看领涨板块转换

在盘中交易时段，投资者可以经常查看板块涨幅排名，留意涨幅榜排在前列的板块变动情况，知道在不同的交易时间段内哪些板块领涨，又有哪些板块表现得比较弱势。

参考实例1：图10-10所示为2015年1月22日上午10:30的板块涨幅排名。将该排名与图10-9中的信息对比可以看到，有色金属及其相关的稀土永磁、稀缺资源、小金属等板块在半小时内表现强势，均处于涨幅榜前列。

而刚开盘时涨幅很大的迪士尼、3D 打印板块则排到 10 名以后，有变弱的趋势。非银金融板块则在整个上午持续强势。

	序号	代码	名称	●¤	最新	涨跌	涨幅↓	涨速	总手	总额
田	1	991034	有色金属		[illegible]	+171.34	3.39%	0.06%	14454499	1578663
田	2	991256	非银金融		[illegible]	+114.83	3.27%	-0.10%	2947065	543424
田	3	993732	稀土永磁		[illegible]	+94.16	2.86%	0.05%	5590864	590641
田	4	993745	稀缺资源		[illegible]	+104.18	2.45%	0.05%	10110057	1201507
田	5	993066	小金属		2711.75	+58.32	2.20%	0.07%	4447726	452551
田	6	993639	舟山新区	¤	[illegible]133.24	+60.42	1.97%	0.40%	1691879	122986
田	7	991255	保险		[illegible]25.56	+93.17	1.89%	0.09%	2790582	1391578
田	8	991009	钢铁		[illegible]50.44	+46.41	1.85%	0.11%	8914371	465472
田	9	993631	呼包鄂		[illegible]84.60	+71.69	1.79%	0.05%	4859662	407974
田	10	993706	沪警示板		4911.63	+76.82	1.59%	0.02%	549535	36724
田	11	993927	三线地产	¤	3209.69	+49.92	1.58%	-0.02%	625391	82687
田	12	993938	农机	¤	2782.00	+39.47	1.44%	0.09%	1006787	102199
田	13	993619	云南		3106.70	+43.24	1.41%	0.09%	2274495	257130
田	14	993618	青海		1979.82	+27.54	1.41%	-0.18%	487005	53027
田	15	993051	迪士尼		[illegible]	+53.97	1.37%	0.02%	3223474	473493
田	16	993801	黄金股		[illegible]	+56.77	1.32%	0.22%	6734661	643314
田	17	993060	3D打印		[illegible]	+45.92	1.31%	-0.08%	3347380	486888
田	18	993590	送转		9039.36	+91.29	1.02%	0.02%	3607246	938720
田	19	993929	广东国资		2972.12	+29.59	1.01%	0.09%	1374786	199176
田	20	991007	房地产	¤	5344.58	+51.79	0.98%	-0.05%	12825554	1512218

有色相关板块大幅上涨
非银金融板块持续强势
迪士尼、3D 打印板块涨势减弱

图 10-10　上午 10:30 板块涨幅排名（2015 年 1 月 22 日）

参考实例 2：通过 2015 年 1 月 22 日中午 11:30 收盘后的板块涨幅排名可以看到，有色类板块继续强势。此外，非银金融板块再次大幅上涨，板块整体上涨 4.91%。而 3D 打印板块经过整理后，又再次成为市场热点，板块整体大幅上涨。如图 10-11 所示。据此投资者可以判断，有色、非银金融和 3D 打印是当日市场上的领涨板块。

	序号	代码	名称	●¤	最新	涨跌	涨幅↓	涨速	总手	总额
田	1	991256	非银金融		3688.63	+172.71	4.91%	0.32%	4175519	780475
田	2	991034	有色金属	¤	5254.92	+199.60	3.95%	0.11%	25933838	2734239
田	3	993801	黄金股		[illegible]	+151.84	3.53%	0.28%	15588697	1417388
田	4	993745	稀缺资源		[illegible]	+139.32	3.28%	0.18%	21080544	2286980
田	5	993060	3D打印		[illegible]	+102.84	2.93%	0.23%	4690513	737781
田	6	993732	稀土永磁		[illegible]	+95.71	2.90%	0.15%	8698254	926866
田	7	993066	小金属		2718.38	+64.95	2.45%	0.20%	7226145	740737
田	8	993639	舟山新区	¤	3139.18	+66.36	2.16%	0.19%	2308345	187354
田	9	993631	呼包鄂		4090.90	+77.99	1.94%	0.19%	7460641	633527
田	10	993706	沪警示板		4927.95	+93.14	1.93%	0.04%	959278	66700
田	11	993951	智能手机	¤	2187.54	+38.97	1.81%	-0.00%	2038958	476245
田	12	993052	谷歌眼镜	¤	2910.29	+49.58	1.73%	-0.06%	3174449	664608
田	13	991009	钢铁	¤	2545.78	+41.75	1.67%	0.12%	14365685	756708
田	14	991255	保险	¤	5012.25	+79.86	1.62%	0.41%	4054765	2080270
田	15	993619	云南	¤	3110.49	+47.03	1.54%	0.08%	3484734	397852
田	16	993938	农机	¤	2784.57	+42.04	1.53%	0.06%	1418172	147110
田	17	993927	三线地产	¤	3207.04	+47.28	1.50%	0.03%	972660	125206
田	18	993926	二线地产	¤	3335.06	+48.02	1.46%	0.37%	2730765	238600
田	19	993590	送转		9077.63	+129.55	1.45%	0.08%	5466193	1420497
田	20	993051	迪士尼	¤	4007.68	+55.24	1.40%	0.04%	4573984	653927

非银金融、3D 打印板块再次走强

图 10-11　中午 11:30 板块涨幅排名（2015 年 1 月 22 日）

10.3.2 看指标股表现

指标股即权重股，是指在计算大盘指数时被重点考虑的股票。投资者在看盘时，应该特别注意指标股的表现。一轮上涨行情如果得不到指标股相应，单凭一些小盘概念股很难将股价持续向上拉升，并最终演变为牛市行情。

当一些板块表现强势时，投资者也需要关注该板块中的指标股表现。如果板块中的指标股随整个板块一起强势上涨，则该上涨行情有望持续。

参考实例1：中国石油（601857）是沪深股市上市值最大的上市公司，也是对上证指数涨跌影响最大的股票。投资者在分时图里可以看到，2015年1月22日上午，中国石油股价在零轴以下持续震荡，虽然短暂突破零轴却很快就遇阻下跌。11:00开始又进入快速下跌行情。如图10-12所示。这说明当日有色等板块的上涨并没有激发市场热情，没有出现大量投资者跟风买入股票。这种情况下，投资者应该注意风险。

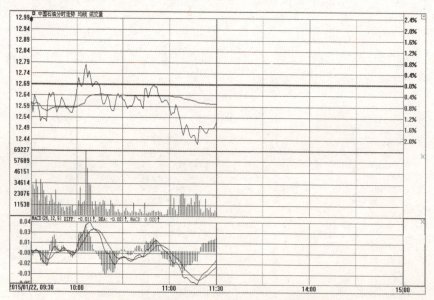

图 10-12 中国石油分时走势（2015年1月22日）

参考实例2：紫金矿业（601899）作为有色板块的龙头股，是这轮有色上涨行情中成交最活跃的股票。2015年1月22日该股小幅低开后，先是在低位整理一段时间后,开始被快速向上拉升。股价上涨至上午 11:00 左右遇到阻力,开始下跌。如图 10-13 所示。这与整个有色板块当日上午的走势基本一致。看到这样的走势,投资者应该意识到,虽然有色板块大幅上涨,但上涨的阻力较大,追高买入时应该注意风险。

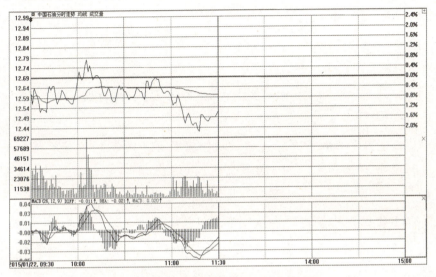

图 10-13 紫金矿业分时走势(2015 年 1 月 22 日)

10.4 尾盘盘口观察要点

尾盘是指每个交易日最后半小时的交易时间,即 14:30 ~ 15:00。在这段时间内,很多投资者经过一个交易日的观察后会最终完成自己的交易计划。因此,尾盘的半小时与早盘的半小时相同,都是一个交易日中成交最活跃的时刻。

股票在尾盘阶段的走势不仅决定当日的收盘价,而且对下个交易日的开盘价也会产生一定影响。因此,如果庄家想要操纵股价走向,最常用的办法就是在尾盘阶段快速拉升或打压股价。

10.4.1 看尾盘快速上涨的股票

当庄家在尾盘阶段将股价向上拉升后,想要高位卖出的散户来不及做出反应就已经收盘,因而股价上涨后遇到的阻力会比较有限。这样,庄家就可以在消耗较小的前提下将股价拉升至高位。

尾盘阶段的快速上涨可以使股票以高价收盘，并且下个交易日能以高价开盘。这将导致大量散户看好后市，买入股票。因此，当投资者在尾盘阶段发现股价快速上涨时，可以判断是有庄家在诱多操作。此时往往真正的市场趋势还没有上涨，投资者不能跟风买入。

参考实例：2014年11月28日和12月1日，博腾股份（300363）连续两个交易日都在最后一小时交易时间内被强势向上拉升。如图10-14、图10-15和图10-16所示。此时虽然不是严格的尾盘交易时段，但是市场意义相近，都代表有庄家在集中力量拉升股价。

从K线图上可以看到，此前该股一直处于下跌后的整理行情中。经过这两个交易日上涨后，MACD指标的DIFF线向上突破DEA线，完成金叉形态。

MACD金叉形态虽然是看涨信号，但结合庄家尾盘拉升的操作看，这次金叉是庄家的诱多手法。看到这样的形态后，投资者不能跟进买入股票。

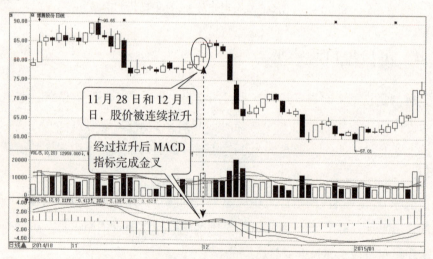

图10-14　博腾股份日K线

第 10 章　日内操盘技巧

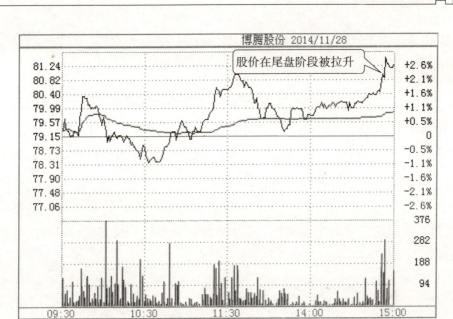

图 10-15　博腾股份分时走势（2014 年 11 月 28 日）

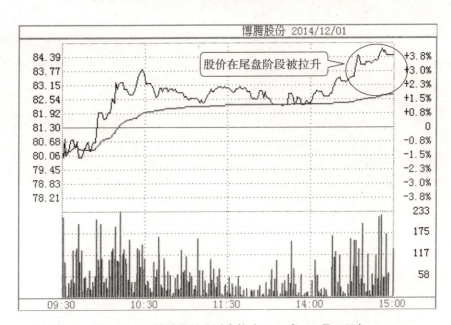

图 10-16　博腾股份分时走势（2014 年 12 月 1 日）

10.4.2 看尾盘快速下跌的股票

尾盘打压股价是庄家在诱空时的常用手法。

当庄家在尾盘阶段向下打压股价后,想要抄底买入的散户也没有充足时间挂单,因而股价下跌难以获得有效支撑,会以庄家打压的目标价位收盘,并且下个交易日仍会以低价开盘。这样的形态会使大量投资者看空卖出股票,庄家则达到了诱空的目的。

庄家在尾盘打压股价诱空时,往往股价还处于上涨趋势中。此时的短暂下跌只是庄家的洗盘动作。看到这样的形态时,投资者可以继续持有股票。

参考实例:2014年10月16日,四创电子(600990)股价在收盘前快速下跌。这明显是有庄家在快速打压股价。如图10-17、图10-18所示。

从K线图上看,此前一段时间该股一直沿20日均线持续上涨。该均线也成为股价上涨重要的支撑线。10月16日,股价在庄家的打压下跌破20日支撑线。这说明市场上的散户依然看好后市,上涨行情还在继续。这次下跌只是庄家的洗盘动作。

看到这样的形态后,投资者可以稳定持有手中的股票。如果觉得之前持有的股票较少还可以加仓买入。

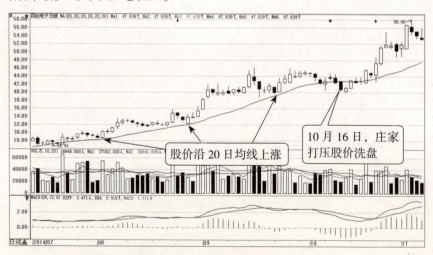

图10-17 四创电子日K线

第 10 章　日内操盘技巧

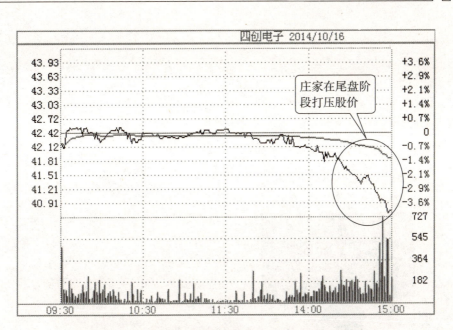

图 10-18　四创电子分时走势（2014 年 10 月 16 日）

炒股好帮手

介绍短线操作基础知识与必备知识，包括K线图、价量关系、技术指标以及看盘技巧、选股技巧、买入时机、卖出时机等。所用图例全部来自于实战，并标有具体的买点或卖点！

书号：978-7-122-11281-1
定价：39.80 元

炒股先看趋势！利用涨停寻找强势股、利用突破确定交易方向、利用K线组合寻找顶底，结合股市实战案例，教你在短期内掌握炒股的技巧！

书号：978-7-122-12912-3
定价：33.00 元